Marianela

Parua sunt haec;
sed parua ista non contemnendo
maiores uestri maximam hanc rem fecerunt.

[Pequeñas son estas cosas;
pero no despreciando las pequeñas,
vuestros antepasados hicieron la más grande].

(TITO LIVIO, *Ab urbe condita*, VI,41,8)

Dirección de colección:
Ángel Basanta

NUEVA BIBLIOTECA DIDÁCTICA ANAYA

Marianela

Benito Pérez Galdós

Edición, introducción, notas
y orientaciones para el estudio de la obra:
José Manuel Cabrales Arteaga

Ilustración:
José María Ponce

Juan Ignacio Luca de Tena, 15. 28027 Madrid
www.anayainfantilyjuvenil.com
e-mail: anayainfantilyjuvenil@anaya.es

Diseño y cubierta: aderal tres

Primera edición, abril 2001
10.ª impr., agosto 2011

ISBN: 978-84-667-0302-4
Depósito legal: M-32377-2011
Impreso en Huertas, S. A.
Fuenlabrada (Madrid)
Impreso en España - Printed in Spain

Índice

Introducción

Marianela

ORIENTACIONES PARA EL ESTUDIO DE LA OBRA

Introducción

A Consuelo.
J. M. Cabrales

LA ÉPOCA: ESPAÑA EN LA SEGUNDA MITAD DEL SIGLO XIX

Marianela se publicó en 1878, poco después de que en España se restaurase la monarquía de los Borbones; a lo largo de sus páginas aparecen personajes y se suscitan debates e ideas muy característicos de la España del último tercio del siglo XIX. Por ello vamos a trazar un panorama general de la historia y la evolución social española en los años en los que Benito Pérez Galdós escribió esta novela.

Revolución y Restauración

La segunda mitad del siglo XIX fue un período de grandes contrastes políticos, en el que se manifiestan ya casi todos los conflictos que luego se desarrollan en el siglo XX. Destacan dos acontecimientos principales:

El Sexenio Revolucionario

1) La Revolución de 1868, conocida como «La Gloriosa», puso fin al accidentado reinado de Isabel II para dar paso a un período llamado «Sexenio Revolucionario», durante el cual conviene recordar los hechos siguientes:

- promulgación de la Constitución de 1869, la más progresista del siglo, al reconocer el sufragio universal masculino, la libertad religiosa, la libertad de expresión y asociación, además de otros derechos individuales y colectivos;
- proclamación de Amadeo de Saboya como rey de España en 1870;
- renuncia del monarca y proclamación de la Primera República española, en 1873;

• conflictos armados de larga duración: en 1868 se inició una insurrección armada en Cuba que culminará con la independencia de la isla en 1898. En 1872 dio comienzo la Tercera Guerra Carlista, que duró cuatro años.

El golpe de Estado del general Pavía

2) La Restauración monárquica. En enero de 1874 el general Pavía encabezó un golpe de Estado que acabó con la República. A finales de ese mismo año el levantamiento del general Martínez Campos favoreció el retorno de la monarquía en la persona de Alfonso XII, hijo de Isabel II y bisabuelo del actual Rey de España. Se inicia entonces un largo período de estabilidad gubernamental basada en la alternancia pacífica en el poder de los partidos conservador y liberal, que impedían otras alternativas políticas mediante la manipulación de los resultados electorales; para ello contaban con la figura del *cacique*, personaje importante que en las provincias o localidades pequeñas y medianas controlaba u orientaba el voto de los electores a cambio de favores variados.

La sociedad española

A lo largo del último tercio del siglo XIX se perciben transformaciones significativas en el marco de la sociedad española:

• La *clase obrera* —cada vez más numerosa en zonas de fuerte crecimiento como Bilbao y Barcelona— se configura como organización política con la formación del Partido Socialista en 1879; dos años más tarde fue legalizado el movimiento anarquista; poco después se funda el sindicato de la Unión General de Trabajadores.

• La *clase dirigente* —integrada por banqueros, grandes empresarios y terratenientes— favoreció el desarrollo económico de España, pero también utilizó en su beneficio el sistema político de la Restauración.

• Se consolida en las ciudades una *burguesía* de ideología y capacidad económica variada, pero al margen del fervor revolucionario de principios de siglo. Esta clase social se convertirá en modelo y receptora principal de la novela realista, tan característica de estas décadas.

Los últimos años del siglo vienen marcados por el desarrollo de la siderurgia en el País Vasco y la industria textil en Cataluña; ello favorece una importante emigración hacia ambos lugares al tiempo que surgen allí movimientos de índole nacionalista. Acontecimientos relevantes fueron también la Guerra de Cuba, reiniciada en 1895 tras casi veinte años de tregua, así como la insurrección de Filipinas en 1896. Tras humillantes derrotas, España se vio obligada a renunciar a ambos territorios y

Alfonso XII (1857-1885). Proclamado rey de España, en diciembre de 1874, por el general Martínez Campos en un pronunciamiento militar en Sagunto, el rey entró en Madrid el 14 de enero de 1875. Alfonso XII con uniforme, *por* M. *Ojeda* (1884).

a la isla de Puerto Rico: es lo que se conoce como el desastre de 1898, que puso fin al Imperio español en América después de cuatro siglos.

Auge del periodismo

Desde el punto de vista cultural hay que destacar:

a) El auge del género periodístico. Además de su función informativa y de propaganda ideológica, desde los años 40 los periódicos dedican un espacio a publicar novelas por entregas, lo que contribuirá al formidable éxito de la narrativa realista.

Krausismo

b) El debate ideológico. Se formó un destacado grupo de intelectuales krausistas (el nombre procede de Krause, filósofo alemán de segunda fila) entre los que destacó Francisco Giner de los Ríos, fundador en 1876 de la Institución Libre de Enseñanza, proyecto educativo renovador que durante sesenta años ejercería un notable influjo en la cultura española. En sus escritos los krausistas defienden la reforma de la sociedad mediante la educación de la persona desde la infancia al margen de los dogmatismos religiosos, potenciando los valores éticos y el conocimiento a través de la experiencia. Estas ideas fueron duramente contestadas por el grupo de pensadores católicos encabezados por Marcelino Menéndez Pelayo, el más fecundo ensayista español del siglo XIX.

Regeneracionismo

c) El Regeneracionismo. Como consecuencia de la pérdida de Cuba, Filipinas y Puerto Rico en 1898, surge ya al filo del cambio de siglo un movimiento ideológico que reacciona contra el sistema político de la Restauración y plantea un debate sobre las responsabilidades de gobernantes y militares, al tiempo que defiende la regeneración de la vida pública española. Sus principales representantes fueron Ángel Ganivet y Joaquín Costa, precursores de la llamada Generación del 98.

LITERATURA: LA LITERATURA REALISTA

El Realismo

La narrativa realista española

El Realismo es el movimiento literario que domina la segunda mitad del siglo XIX en Europa; su manifestación más característica será la novela. A diferencia del romántico, que proyectaba su visión subjetiva o idealista del mundo, el escritor realista observa lo que le rodea con fidelidad de testigo, para tratar de plasmarlo en sus obras de la manera más fiel y exacta posible. La presencia del Realismo en España se vio afectada por las peculiares circunstancias históricas y culturales de la Península. Una de las más significativas es de índole política: la narrativa realista española surge en un contexto marcado por la Revolución de 1868, que provocó la renuncia de Isabel II al trono. El efímero reinado de Amadeo de Saboya, la Primera República, la restauración borbónica y la aparición de los primeros movimientos obreros generan un clima de *confrontación ideológica* que encontrará en la literatura uno de sus campos de batalla fundamentales.

Novelas de tesis

Se produce entonces una verdadera polarización entre los novelistas, que escriben con apasionamiento lo que se llama *novelas de tesis*. Así Pedro Antonio de Alarcón, el jesuita Luis Coloma o José María de Pereda, en la vertiente conservadora, defienden en sus libros la tradición católica española, la educación religiosa y la monarquía absoluta. La mentalidad progresista o liberal está representada por Benito Pérez Galdós, Leopoldo Alas, «Clarín», y Vicente Blasco Ibáñez, partidarios de la educación laica, la libertad de culto, y la monarquía parlamentaria o incluso la República. Al margen de la estricta defensa de una tesis se mantuvieron novelistas tan relevantes como Juan Valera o Emilia Pardo Bazán.

La novela realista

Los rasgos que definen la novela realista pueden agruparse en torno a tres núcleos principales:

a) Técnica narrativa:

Narrador omnisciente

• El relato aparece contado a menudo por un *narrador omnisciente,* que conoce con detalle el presente, el pasado y es capaz incluso de anticipar el futuro de sus criaturas. Saca a la luz los pensamientos más íntimos de los personajes y no duda en dirigirse al lector para comentar los comportamientos de ellos.

Estilo indirecto libre

• Se emplea con frecuencia el *estilo indirecto libre,* mediante el cual se reproducen los pensamientos o sensaciones de los personajes dentro del discurso del narrador, evitando los verbos de lengua (dijo, pensó, sintió) y los enlaces subordinantes (que). De esta manera el lector puede asomarse al interior del protagonista novelesco y seguir el curso de sus reflexiones.

Profundización en los personajes

• Como consecuencia de lo anterior se produce una profundización en el *carácter de los personajes.* Dicha profundización alcanza la categoría de verdadero estudio psicológico en grandes novelas como *La Regenta,* de «Clarín», y *La de Bringas,* de Galdós.

Descripción de ambientes

• Se refleja con detalle el ambiente en el que se desarrolla la acción. Abundan las *descripciones minuciosas* de calles, pueblos, costumbres, casas, habitaciones, o incluso del vestuario y el aspecto físico de los personajes.

b) Temas:

El amor

• El *amor* es un componente fundamental, aunque a menudo aparece rodeado de dificultades. Surge de este modo el tema de los problemas conyugales y el *adulterio,* presente en las más famosas novelas realistas.

La religión

• La *religión* aparece de forma constante en la novela a partir de 1868, a través de la oposición clericalismo / anticlericalismo. Frente a los sacerdotes que asesoran y protegen a los protagonistas *(El escándalo,* de Alarcón; *Sotileza,* de Pereda), aparecen clérigos sometidos a la invencible tentación del amor humano *(La Regenta,* de «Clarín»; *Tormento,* de Galdós).

La religión es uno de los temas que se repiten en la novela realista, sobre todo, a través de la oposición clericalismo / anticlericalismo. El viático, *grabado del siglo* XIX.

Política

• La *política* constituye un tema importante en las novelas de tesis. Se manifiesta a través de la crítica al liberalismo, al caciquismo, al sufragio universal, a la ideología conservadora o a la precariedad laboral de los funcionarios.

Ciudad y campo

• La *ciudad* y el *campo* enfrentados como representación —según la ideología del autor— de los peores vicios y de las mejores virtudes.

Peculiaridades regionales

• La *realidad regional:* por lo general cada novelista explora las peculiaridades de su región, al situar allí la acción novelesca. Es el caso de Alarcón y Valera con Andalucía; Pereda en Cantabria; Galdós en las calles de Madrid; Emilia Pardo Bazán en la campiña gallega o «Clarín» en Oviedo y los pueblos de alrededor.

c) Lengua literaria:

Riqueza léxica

• El detallismo descriptivo antes mencionado se traduce en una enorme *riqueza léxica,* con abundancia de términos castizos y tradicionales.

El lenguaje

• Atención a las *variedades regionales* de la lengua española, a partir de los lugares en los que se sitúa el relato.

• Presencia de expresiones de la lengua oral, términos del *vocabulario científico* o *jurídico* y *extranjerismos* recientes, introducidos en la novela con intención paródica.

• Eliminación del estilo grandilocuente y retórico de los románticos, sustituido por el tono enunciativo y un lenguaje sencillo que —en líneas generales— pretende adaptarse a la índole de los personajes.

El Naturalismo.

El Naturalismo surgió en Francia de la mano del novelista Émile Zola, que tratará de aplicar a la novela procedimientos de la ciencia experimental. He aquí algunos de ellos:

Observación minuciosa

• El escritor observa minuciosamente y luego describirá con la imparcialidad del científico los diversos comportamientos humanos.

El determinismo

• La conducta de los personajes aparece condicionada por tres factores: el medio social y geográfico en el que se desenvuelven, la herencia biológica y el momento histórico. Es lo que se conoce como *Determinismo.*

Los aspectos más crudos y sombríos de la realidad

• El narrador no solo no retrocede, sino que se recrea ante los aspectos más crudos y sombríos de la realidad. Abundan los personajes neuróticos, alcohólicos, tarados o viciosos. El erotismo irrumpe también con fuerza en la literatura.

En España el Naturalismo ocasionó un amplio debate, al que Emilia Pardo Bazán dedicó un polémico ensayo: *La cuestión palpitante.* Con todo, puede decirse que los novelistas no se sintieron demasiado seducidos por un movimiento literario que limitaba en gran medida la libertad creadora del escritor. Sin embargo, se aprecian rasgos naturalistas en el determinismo que preside

La burguesía se convertirá en modelo y receptora principal de la novela realista. Gran Baile del Liceo, *grabado de la época.*

la trayectoria de ciertos personajes marcados por pasiones violentas (Fortunata, en *Fortunata y Jacinta,* de Galdós) o en la precisión casi morbosa de algunas descripciones fisiológicas, como la que reproducimos a continuación, tomada de *La madre naturaleza,* obra en la que la gran narradora gallega Emilia Pardo Bazán llevó a cabo la continuación de su novela más famosa: *Los pazos de Ulloa.*

Una descripción detallada

«Cojeaba el infeliz animal por culpa de un gran tumor que tenía en el ijar derecho [...] También se recogió el atador las mangas de estopa, y sacó de la faltriquera del pantalón una reluciente navaja de afeitar envuelta en un trapo. Agachose bajo la paciente, y empuñando el instrumento, con brioso girar de muñeca y haciendo terrible fuerza en el pulgar, sajó casi en redondo el lobanillo. Bramó y resopló de dolor la vaca, intentando huir; pero estaba bien sujeta y el corte dado ya. Sin hacer caso de los mugidos angustiosos ni de las inútiles sacudidas de la bestia, el señor Antón comenzó a esgrimir la navaja casi de plano, desprendiendo la piel que cubría el tumor, y disecando poco a poco, con certeza diestra, sus raíces, como quien desprende de un peñasco los tientos de un adherido pólipo. De rato en rato empapaba con trapos la sangre que corría y le impedía ver. Cada raíz encubría otras más menudas, y la navaja seguía escrutando los ijares del animal, persiguiendo las últimas ramificaciones de la fea excrecencia. Ya casi la tenía desprendida, cuando la vaca, que parecía resignada con su suerte, dio de pronto un empuje desesperado y supremo, logró soltar las patas, derribó de una patada el sombrero de copa alta del algebrista y echó a correr furiosa. Ciega por el terror, fue a batir contra la muralla del emparrado, donde la alcanzó Perucho [...] El señor Antón, con su rapidez y maestría acostumbradas, arrojaba ya triunfalmente hacia el campo más próximo una masa sanguinolenta e informe, que era el núcleo del lobanillo y su aureola de raíces».

Tanto por la calidad de sus creaciones como por la amplitud de su obra, Galdós representa la culminación de la narrativa española realista. Pérez Galdós, sentado, *de Joaquín Sorolla.*

EL AUTOR Y LA OBRA

Benito Pérez Galdós

Galdós (Las Palmas de Gran Canaria, 1843 - Madrid, 1920) representa la culminación de la narrativa española realista, tanto por la calidad de sus creaciones como por la amplitud de su obra literaria, compuesta por casi un centenar de novelas y veinte obras de teatro. Desde los diecinueve años vivió en Madrid, donde inició estudios de Derecho, pero muy pronto se orientó hacia el periodismo como paso previo a su carrera literaria. En 1867 viajó a París; allí conoció a Balzac —máximo representante del Realismo francés—, de quien adoptará los procedimientos narrativos del movimiento realista.

Política y literatura

No tardó en dedicarse plenamente a la literatura, aunque participó en la política de su tiempo, ocupando el cargo de diputado por el Partido Liberal en 1886, y por el Partido Republicano en 1907; esta radicalización ideológica originó que la Real Academia Española —estimulada por los sectores más intransigentes del país— se opusiera a su candidatura al Premio Nobel en 1912. Los últimos años de su vida los pasó completamente ciego, afectado de serias dificultades económicas, pero considerado una gloria de las letras españolas.

La creación literaria de Galdós

Su gigantesca producción narrativa puede dividirse en tres etapas:

Novelas prerrealistas o de tesis

1) Novelas de tesis o prerrealistas que respondían a las publicadas por Pereda, con quien, por lo demás, mantuvo amistad fraternal. Defiende Galdós que la intolerancia religiosa y política conduce al fanatismo, provocando la infelicidad del individuo y el estancamiento de la sociedad. Entran aquí títulos como *La fontana de oro, Doña Perfecta* o *La familia de León Roch. Marianela* también suele incluirse en este apartado.

Novelas realistas

2) Las novelas españolas contemporáneas, realistas o naturalistas, marcan la plenitud del arte realista de Galdós. En ellas el autor se aplica a la descripción de la clase media madrileña —con incursiones en ambientes populares y aristocráticos— a través de personajes dotados de increíble humanidad, contemplados con comprensión, tolerancia y un cordial sentido del humor que han convertido al autor en el mejor heredero de Cervantes. Es el caso de *Fortunata y Jacinta,* en donde el finísimo estudio de la trayectoria vital de estas dos mujeres se complementa con el acercamiento magistral a un cúmulo de figuras secundarias llenas de vida, con las que Galdós nos ofrece una radiografía espléndida de la sociedad madrileña en el último cuarto de siglo. Otras obras fundamentales son *La desheredada, La de Bringas, Miau, Tormento* o *Torquemada en la hoguera.*

Novelas simbólicas

3) Novelas espiritualistas o simbólicas, marcadas por el creciente idealismo de los personajes, que a menudo encarnan ideas morales o religiosas; estas novelas muestran menor interés por la descripción de ambientes o por la profundidad de los caracteres y buscan su ambientación entre las capas más bajas de la sociedad madrileña. Recordemos las figuras de *Nazarín,* el sacerdote entregado a los pobres, o Benigna —protagonista de *Misericordia*— quien no duda en soportar las mayores humillaciones para que pueda sobrevivir su tiránica señora.

Los Episodios Nacionales

Atención especial merecen los *Episodios Nacionales* con los que Galdós acometió la magna tarea de novelar la historia española del siglo XIX; se trata de un conjunto de 46 títulos que abarcan desde la batalla de Trafalgar (1805) y la Guerra de la Independencia, hasta la Restauración monárquica de 1875, con el propósito de que los hechos del pasado ayuden a explicar los males presentes, mezclando personajes y situaciones inventadas con figuras y acontecimientos históricos. Se organizan en cinco series:

Un recorrido por la historia española del siglo XIX

La primera serie abarca desde Trafalgar hasta el final de la invasión francesa; su protagonista es Gabriel Araceli, huérfano pobre que al cabo de la guerra alcanza el grado de general. Predomina el tono patriótico frente al enemigo francés.

En la segunda, se narran las luchas entre absolutistas y liberales durante el reinado de Fernando VII; este tradicional enfrentamiento entre las dos Españas se encarna en el conflicto entre dos hermanos enamorados de la misma mujer.

La tercera serie comprende desde la muerte de Fernando VII hasta la mayoría de edad y la boda de Isabel II (1833-1840), con especial atención a la primera guerra

La heroína madrileña, Manuela Malasaña (1791-1808), símbolo de la resistencia y del valor frente al ejército francés, murió de un tiro en la sien cuando combatía junto a su padre llevándole los cartuchos. Malasaña y su hija se baten contra los franceses *(1887), de Álvarez.*

carlista. El protagonista es un héroe romántico convertido con el paso del tiempo en burgués acomodado y adaptado a la situación.

Una ventana abierta sobre la vida española

En la cuarta, se recorre el período comprendido entre las revoluciones de 1848 y 1868, con insistencia en la corrupción del Gobierno y las intrigas palaciegas que desembocan en la Revolución del 68. El hecho de que Galdós fuera ya testigo de estos hechos inclina la balanza hacia los acontecimientos históricos en detrimento de los novelescos. Algo que se advierte también en la quinta serie —no terminada—, donde se recuerdan sucesos que van desde la «Gloriosa» hasta la Restauración monárquica en la persona de Alfonso XII y el asesinato de Cánovas, jefe del Partido Conservador; en estas novelas se muestra ya una crítica abierta a la burguesía española de la época.

En definitiva, como afirma José F. Montesinos, máximo especialista en la narrativa galdosiana: «La obra madura de Galdós va a ser, pues, como una ventana abierta sobre toda la vida española».

Marianela

Publicada, como hemos visto, en 1878, *Marianela* se viene situando entre las novelas de tesis, un período anterior a la madurez narrativa de Galdós, lo que se refleja en detalles concretos del texto. Algunos críticos han señalado la influencia de una famosa obra del escritor alemán Goethe, *Wilhelm Meister*; en concreto del personaje de Mignon, una chica de la edad de Marianela, muy menuda de cuerpo también, la cual viaja por los pueblos con una compañía de acróbatas que la maltratan y desprecian; tiene extraordinaria habilidad para el baile, algo que impresiona al protagonista, que no duda en convertirla en su sierva-acompañante. De carácter ingenuo, impulsivo y natural, Mignon morirá asimismo de amor y celos al comprobar que su señor ama a otra mujer.

Influencias

Galdós pudo, sin duda, aprovechar el precedente del personaje de Goethe para crear la figura de la chica abandonada y raquítica (Marianela), enamorada de un joven inteligente, cuyo involuntario desdén amoroso precipitará su final; sin embargo no procede de este modelo el motivo de la ceguera del amo, cuya eliminación deja al descubierto la invencible distancia física y social que les separaba. Con todo, Galdós, a partir de este conflicto básico, aprovecha para exponer su «tesis» acerca de la importancia de la educación para evitar la desoladora situación en la que ha vivido Marianela, en un estado semisalvaje marcado por la pobreza y el sometimiento a todo tipo de creencias irracionales o supersticiosas.

La «tesis» de Galdós

Galdós terminó la redacción de *Marianela* en enero de 1878, meses después de concluir la segunda parte de *Gloria* y uno de los *Episodios Nacionales* de la segunda serie: *El terror de 1824*; todo indica que la escribió a toda velocidad; sin embargo, el personaje de Marianela es uno de los más populares que salieron de su pluma, al representar al ser humano desvalido, nacido solo para sufrir. Para el propio Galdós fue una de sus criaturas más queridas; a este respecto cuenta Montesinos que en sus últimos años al escuchar a la actriz Margarita Xirgu representando la versión dramática del relato, obra de los hermanos Quintero, el viejo novelista ya completamente ciego se acercó a ella exclamando entre lágrimas: «¡Nela, Nela!». Además de esta adaptación teatral, la novela fue llevada al cine en 1940 por Benito Perojo; posteriormente, Angelino Fons dirigió otra versión de la novela, en 1973, con Rocío Durcal en el papel protagonista.

Adaptación teatral y cinematográfica

La fuerza de ese personaje central —encarnación de lo que hoy en día llamaríamos complejo de inferioridad a causa de un aspecto físico desgraciado— favorece la vigencia del libro, donde aparece también el tema romántico de los amores contrariados, dispuesto todo ello con gran sencillez compositiva, lo que facilita la lectura y justifica su presencia en esta colección destinada a los lectores más jóvenes.

CRITERIO DE ESTA EDICIÓN

En esta edición escolar de Marianela se sigue el texto de la cuarta edición (1882), el más cercano al autor; se trata del mismo texto que figura en la edición de la colección «Tus Libros», citada más adelante. La ortografía se presenta completamente adaptada a los usos actuales, siguiendo las orientaciones de esta colección destinada a estudiantes de Secundaria.

A pie de página se introducen notas orientativas para aclarar pasajes oscuros, explicar referencias histórico-literarias o llamar la atención sobre aspectos del texto que vinculan la obra con la literatura realista; también hemos procurado subrayar los pasajes significativos para la interpretación general de *Marianela*. En los márgenes del texto se incluyen abundantes notas léxicas para aclarar de forma sencilla los términos oscuros o en desuso: por ello, en algunos casos, se evita la explicación etimológica o la precisión significativa total para conseguir el vocablo equivalente que facilite la comprensión inmediata del pasaje.

Tanto la actualización ortográfica del texto como las notas en los márgenes y a pie de página pretenden facilitar a los lectores jóvenes un mejor acercamiento al texto de Galdós. En las notas a pie de página se ofrece al mismo tiempo una información que será de utilidad para la realización de las actividades propuestas al final del libro.

BIBLIOGRAFÍA SELECTA

Hay una edición asequible de *Marianela* en la colección «Tus Libros» (12.ª edición, Anaya, Madrid, 2000), con notas y un interesante estudio de Pascual Izquierdo. Para los que quieran adentrarse aún más en la vida y la obra del autor canario ofrecemos la siguiente selección:

CAUDET, Francisco: *El mundo novelístico de Pérez Galdós.* Anaya, Madrid, 1992. (Excelente introducción a la obra de Galdós; muy útil para estudiantes interesados por este autor).

GILMAN, Stephen: *Galdós y el arte de la novela en Europa.* Taurus, Madrid, 1985. (Se analiza la obra de Galdós en relación con los grandes autores de la novela realista europea).

GULLÓN, Ricardo: *Técnicas de Galdós.* Taurus, Madrid, 1980. (El mejor trabajo para descubrir la rica variedad de procedimientos narrativos empleados por el autor; se analizan además los aspectos principales de sus novelas más importantes).

MADARIAGA DE LA CAMPA, Benito: *Pérez Galdós. Biografía santanderina.* Institución Cultural de Cantabria, Santander, 1979. (Detallada historia de los muchos veranos pasados por Galdós en su amada casa santanderina de «San Quintín». No olvidemos que *Marianela* está ambientada en aquella región).

MONTESINOS, José F.: *Galdós.* 3 vols., Castalia, Madrid, 1980 . (El más completo estudio sobre la obra de Galdós. Se repasan todas sus novelas; en el primer volumen se encuentra el estudio de *Marianela*).

ORTIZ ARMENGOL, Pedro: *Vida de Galdós.* Crítica, Barcelona, 1995. (La más detallada biografía que se ha escrito sobre este autor, con amplias referencias al origen y redacción de sus obras).

PÉREZ GALDÓS, Benito: *Cuarenta leguas por Cantabria y otras páginas*. Benito Madariaga de la Campa (ed.), Santander, Ediciones Tantín, 1996. (Libro breve y sencillo que confirma el buen conocimiento y el aprecio que Galdós sentía por la entonces provincia de Santander. Contiene páginas descriptivas de gran belleza).

ROGERS, Douglas M. (ed.): *Benito Pérez Galdós*. Taurus, Madrid, 1979. (Amplia recopilación de artículos sobre el conjunto de la obra de Galdós, diversos aspectos de su oficio literario y especial atención a algunos títulos concretos).

Marianela

1

Perdido

SE PUSO EL SOL. Tras el breve crepúsculo vino tranquila y oscura la noche, en cuyo negro seno murieron poco a poco los últimos rumores de la tierra soñolienta, y el viajero siguió adelante en su camino, apresurando su paso a medida que avanzaba el de la noche. Iba por angosta vereda, de esas que sobre el césped traza el constante pisar de hombres y brutos, y subía sin cansancio por un cerro, en cuyas vertientes se alzaban pintorescos grupos de guinderos, hayas y robles. (Ya se ve que estamos en el Norte de España).

Angosta: Estrecha.

Guindero: Guindo. Árbol, parecido al cerezo, del que nace la guinda.

Era un hombre de mediana edad, de complexión recia, de buena talla, ancho de espaldas, resuelto de ademanes, firme de andadura, basto de facciones, de mirar osado y vivo, ligero a pesar de su regular obesidad, y (dígase de una vez, aunque sea prematuro) excelente persona por doquiera que se le mirara. Vestía el traje propio de los señores acomodados que viajan en verano, con el redondo sombrerete que debe a su fealdad el nombre de hongo; gemelos de campo pendientes de una correa, y grueso bastón que, entre paso y paso, le servía para apalear a las zarzas cuando extendían sus ramas llenas de afiladas uñas para atraparle la ropa.

Por doquiera: Por donde quiera (locución adverbial arcaica).

Detúvose, y mirando a todo el círculo del horizonte, parecía impaciente y desasosegado. Sin duda no tenía gran confianza en la exactitud de su itinerario, y aguardaba el paso de algún aldeano que le diese buenos informes topográficos para llegar pronto y derechamente a su destino.

Pasadera: Construcción rústica para pasar a pie una corriente de agua.

«No puedo equivocarme —murmuró—. Me dijeron que atravesara el río por la pasadera... Así lo hice. Después, que marchara adelante, siempre adelante. En efecto, allá, detrás de mí queda esa apreciable villa, a quien yo llamaría *Villafangosa*[1] por el buen surtido de lodos que hay en sus calles y caminos... De modo que por aquí, adelante, siempre adelante... (me gusta esta frase, y si yo tuviera escudo no le pondría otra divisa) he de llegar a las famosas minas de Socartes».

Después de andar largo trecho, añadió:

Palurdo: Aldeano rústico.

«Me he perdido, no hay duda de que me he perdido... Aquí tienes, Teodoro Golfín, el resultado de tu *adelante, siempre adelante.* Estos palurdos no conocen el valor de las palabras. O han querido burlarse de ti, o ellos mismos ignoran dónde están las minas de Socartes. Un gran establecimiento minero ha de anunciarse con edificios, chimeneas, ruido de arrastres, resoplido de hornos, relincho de caballos, trepidación de máquinas, y yo no veo, ni huelo, ni oigo nada... Parece que estoy en un desierto... ¡Qué soledad! Si yo creyera en brujas, pensaría que mi destino me proporcionaba esta noche el honor de ser presentado a ellas... ¡Demonio!, ¿pero no hay gente en estos lugares?... Aún falta media hora para la salida de la luna. ¡Ah, bribona, tú tienes la culpa de mi extravío!... Si al menos pudiera conocer el sitio donde me encuentro... ¡Pero qué más da! —al decir esto hizo un gesto propio del hombre esforzado que desprecia los peligros—. Golfín, tú que has dado la vuelta al mundo, ¿te acobardarás ahora?... ¡Ah!, los aldeanos tenían razón: adelante, siempre adelante. La ley universal de la locomoción no puede fallar en este momento».

[1] La toponimia utilizada por Galdós es inventada; en algunos casos como este se aprecia una ironía evidente al elegir el nombre del lugar: *Villafangosa;* más adelante, sabremos que se llama Villamojada. Algunos rasgos a lo largo de la novela permiten situarla —como veremos— en la región de Cantabria.

Y puesta denodadamente en ejecución aquella osada ley, recorrió un kilómetro, siguiendo a capricho las veredas que le salían al paso y se cruzaban y quebraban en ángulos mil, cual si quisiesen engañarle y confundirle más.

Por grande que fuera su resolución e intrepidez, al fin tuvo que pararse. Las veredas, que al principio subían, luego empezaron a bajar, enlazándose; y al fin bajaron tanto, que nuestro viajero[2] hallose en un talud, por el cual solo había podido descender echándose a rodar.

Talud: Inclinación de un terreno.

«¡Bonita situación! —exclamó, sonriendo y buscando en su buen humor lenitivo a la enojosa contrariedad—. ¿En dónde estás, querido Golfín? Esto parece un abismo. ¿Ves algo allá abajo? Nada, absolutamente nada...; pero el césped ha desaparecido, el terreno está removido. Todo es aquí pedruscos y tierra sin vegetación, teñida por el óxido de hierro... Sin duda estoy en las minas...; pero ni alma viviente, ni chimeneas humeantes, ni ruido, ni un tren que murmure a lo lejos, ni siquiera un perro que ladre... ¿Qué haré? Hay por aquí una vereda que vuelve a subir. ¿Seguirela?[3] ¿Desandaré lo andado?... ¡Retroceder! ¡Qué absurdo! O yo dejo de ser quien soy, o llegaré esta noche a las famosas minas de Socartes y abrazaré a mi querido hermano. Adelante, siempre adelante».

Lenitivo: Medio para suavizar el dolor.

Dio un paso, y hundiose en la frágil tierra movediza.

«¿Esas tenemos, señor planeta?... ¿Conque quiere usted tragarme?... Si ese holgazán satélite quisiera alumbrar un poco, ya nos veríamos las caras usted y yo... Y a fe que por aquí abajo no hemos de ir a ningún paraí-

[2] El narrador realista actúa como un personaje más, transmitiendo de inmediato su actitud hacia los otros personajes, o acercándonos a ellos en este caso mediante el posesivo «nuestro viajero».

[3] Obsérvese en la páginas siguientes el abundante uso de pronombres enclíticos (pospuestos al verbo) que aportan al texto un tono arcaizante y castizo: «seguirela» «hundiose», «creeríase», «extinguiose» y otros.

so. Parece esto el cráter de un volcán apagado... Hay que andar suavemente por tan delicioso precipicio. ¿Qué es esto? ¡Ah!, una piedra; magnífico asiento para echar un cigarro esperando a que salga la luna».

El discreto Golfín se sentó tan tranquilamente, como podría haberlo hecho en el banco de un paseo; y ya se disponía a fumar, cuando sintió una voz... Sí, indudablemente era una voz humana que lejos sonaba, un quejido patético, mejor dicho, melancólico canto, formado de una sola frase, cuya última cadencia se prolongaba apianándose en la forma que los músicos llamaban *morendo*[4], y que se apagaba al fin en el plácido silencio de la noche, sin que el oído pudiera apreciar su vibración postrera.

Apianándose: Amortiguándose.

«Vamos —dijo el viajero, lleno de gozo—, humanidad tenemos. Ese es el canto de una muchacha; sí, es voz de mujer, y voz preciosísima. Me gusta la música popular de este país... Ahora calla... Oigamos, que pronto ha de volver a empezar... Ya, ya suena otra vez. ¡Qué voz tan bella, qué melodía tan conmovedora! Creeríase que sale de las profundidades de la tierra y que el señor de Golfín, el hombre más serio y menos supersticioso del mundo, va a andar en tratos ahora con los silfos, ondinas, gnomos, hadas y toda la chusma emparentada con la loca de la casa...[5] Pero si no me engaña el oído, la voz se aleja... La graciosa cantora se va... ¡Eh, muchacha, aguarda, detén el paso!».

Supersticioso: Que cree en cosas irracionales o mágicas.

Silfo: Ser fantástico de la mitología germánica que habitaba en el aire.

Ondina: En la mitología griega doncella que habita en las aguas.

Gnomos: En la mitología germánica eran los enanos que guardaban los tesoros subterráneos.

La voz que durante breve rato había regalado con encantadora música el oído del hombre extraviado se iba perdiendo en la inmensidad tenebrosa, y a los gritos de Golfín el canto extinguiose por completo. Sin duda la misteriosa entidad gnómica que entretenía su soledad subterránea cantando tristes amores se había asustado de la brusca interrupción del hombre, hu-

[4] Término musical de origen italiano que se refiere a cuando el sonido va decreciendo de forma ordenada.

[5] «...la loca de la casa» es la personal denominación que Galdós daba a la imaginación.

yendo a las más hondas entrañas de la tierra, donde moran, avaras de sus propios fulgores, las piedras preciosas.

«Esta es una situación divina —murmuró Golfín, considerando que no podía hacer mejor cosa que dar lumbre a su cigarro—. No hay mal que cien años dure. Aguardemos fumando. Me he lucido con querer venir solo y a pie a las minas de Socartes. Mi equipaje habrá llegado primero, lo que prueba de un modo irrebatible las ventajas del *adelante, siempre adelante*».

Moviose entonces ligero vientecillo, y Teodoro creyó sentir pasos lejanos en el fondo de aquel desconocido o supuesto abismo que ante sí tenía. Puso atención, y no tardó en adquirir la certeza de que alguien andaba por allí. Levantándose, gritó:

—Muchacha, hombre, o quienquiera que seas, ¿se puede ir por aquí a las minas de Socartes?

No había concluido, cuando oyose el violento ladrar de un perro, y después una voz de hombre, que dijo:

—¡*Choto, Choto,* ven aquí!

—¡Eh! —gritó el viajero—. ¡Buen amigo, muchacho de todos los demonios, o lo que quiera que seas, sujeta pronto ese perro, que yo soy hombre de paz!

—¡*Choto, Choto!*

Golfín vio que se le acercaba un perro negro y grande; mas el animal, después de gruñir junto a él, retrocedió llamado por su amo. En tal punto y momento el viajero pudo distinguir una figura, un hombre que, inmóvil y sin expresión, cual muñeco de piedra, estaba en pie a distancia como de diez varas más abajo de él, en una vereda transversal que aparecía irregularmente trazada por todo lo largo del talud. Este sendero y la humana figura, detenida en él, llamaron vivamente la atención de Golfín, que, dirigiendo gozosa mirada al cielo, exclamó:

Vara: Medida de longitud (835,9 mm).

—¡Gracias a Dios! Al fin salió esa loca. Ya podemos saber dónde estamos. No sospechaba yo que tan cerca de mí existiera esta senda. ¡Pero si es un camino!...

¡Hola, amiguito!, ¿puede usted decirme si estoy en las minas de Socartes?

—Sí, señor: estas son las minas de Socartes, aunque estamos un poco lejos del establecimiento.

La voz que esto decía era juvenil y agradable, y resonaba con las simpáticas inflexiones que indican una disposición a prestar servicios con buena voluntad y cortesía. Mucho gustó al doctor oírla, y más aún observar la dulce claridad que, difundiéndose por los espacios antes oscuros, hacía revivir cielo y tierra, cual si se los sacara de la nada.

—*Fiat lux*[6] —dijo, descendiendo—. Me parece que acabo de salir del caos primitivo. Ya estamos en la realidad... Bien, amiguito: doy a usted las gracias por las noticias que me ha dado y las que aún ha de darme... Salí de Villamojada al ponerse el sol. Dijéronme que adelante, siempre adelante...

—¿Va usted al establecimiento? —preguntó el misterioso joven, permaneciendo inmóvil y rígido, sin mirar al doctor, que ya estaba cerca.

—Sí, señor; pero sin duda equivoqué el camino.

—Esta no es la entrada de las minas. La entrada es por la pasadera de Rabagones, donde está el camino y el ferrocarril en construcción. Por allá hubiera usted llegado en diez minutos al establecimiento. Por aquí tardaremos más, porque hay bastante distancia y muy mal camino. Estamos en la última zona de explotación, y hemos de atravesar algunas galerías y túneles, bajar escaleras, pasar trincheras, remontar taludes, descender el plano inclinado; en fin, recorrer todas las minas de Socartes desde un extremo, que es este, hasta el otro extremo, donde están los talleres, los hornos, las máquinas, el laboratorio y las oficinas.

—Pues a fe mía que ha sido floja mi equivocación —dijo Golfín, riendo.

[6] Frase latina pronunciada por Dios al comienzo del *Génesis* (primer libro de la Biblia) durante la creación del mundo; significa «Hágase la luz».

—Yo le guiaré a usted con mucho gusto, porque conozco estos sitios perfectamente.

Golfín, hundiendo sus pies en la tierra, resbalando aquí y bailoteando más allá, tocó al fin el benéfico suelo de la vereda, y su primera acción fue examinar al bondadoso joven. Breve rato estuvo el doctor dominado por la sorpresa.

—Usted... —murmuró.

—Soy ciego, sí, señor —añadió el joven—; pero sin vista sé recorrer de un cabo a otro las minas de Socartes. El palo que uso me impide tropezar, y *Choto* me acompaña, cuando no lo hace la Nela, que es mi lazarillo. Conque sígame usted y déjese llevar.

2

Guiado

¿CIEGO DE NACIMIENTO? —dijo Golfín con vivo interés, que no era solo inspirado por la compasión.

—Sí, señor, de nacimiento —repuso el ciego con naturalidad—. No conozco el mundo más que por el pensamiento, el tacto y el oído. He podido comprender que la parte más maravillosa del universo es esa que me está vedada. Yo sé que los ojos de los demás no son como estos míos, sino que por sí conocen las cosas; pero este don me parece tan extraordinario, que ni siquiera comprendo la posibilidad de poseerlo.

Vedada: Prohibida.

—Quién sabe... —manifestó Teodoro—. ¿Pero qué es esto que veo, amigo mío? ¿Qué sorprendente espectáculo es este?

El viajero, que había andado algunos pasos junto a su guía, se detuvo asombrado de la fantástica perspectiva que se ofrecía ante sus ojos[1]. Hallábase en un lugar hondo, semejante al cráter de un volcán, de suelo irregular, de paredes más irregulares aún. En los bordes y en el centro de la enorme caldera, cuya magnitud era aumentada por el engañoso claroscuro de la noche, se elevaban figuras colosales, hombres disformes, monstruos volcados y patas arriba, brazos inmensos

[1] Entre los rasgos más característicos de la narrativa realista figuran las páginas descriptivas, en las que el autor muestra su habilidad y vigor pintando ambientes, paisajes, interiores o figuras humanas. Aquí vemos la primera descripción del aspecto de las minas.

desperezándose, pies truncados, desparramadas figuras semejantes a las que forma el caprichoso andar de las nubes en el cielo; pero quietas, inmobles, endurecidas. Era su color el de las momias, un color terroso tirando a rojo; su actitud, la del movimiento febril sorprendido y atajado por la muerte. Parecía la petrificación de una orgía de gigantescos demonios; y sus manotadas, los burlones movimientos de sus desproporcionadas cabezas, habían quedado fijos como las inalterables actitudes de la escultura. El silencio que llenaba el ámbito del supuesto cráter era un silencio que daba miedo. Creeríase que mil voces y aullidos habían quedado también hechos piedra, y piedra eran desde siglos de siglos.

Inmobles: Invariables.

—¿En dónde estamos, buen amigo? —dijo Golfín—. Esto es una pesadilla.

—Esta zona de la mina se llama la Terrible —repuso el ciego, indiferente al estupor de su compañero de camino—. Ha estado en explotación hasta que hace dos años se agotó el mineral de calamina. Hoy los trabajos se hacen en otras zonas que hay más arriba. Lo que a usted le maravilla es los bloques de piedra que llaman cretácea y de arcilla ferruginosa endurecida que han quedado después de sacado el mineral. Dicen que esto presenta un golpe de vista sublime, sobre todo a la luz de la luna. Yo de nada de eso entiendo.

Estupor: Sorpresa.

Calamina: Mineral blanco o amarillento del que se extrae el cinc.

Cretácea: Cretácica. Perteneciente al último período geológico de la Era Secundaria en la formación de la Tierra.

—Espectáculo asombroso, sí —dijo el forastero, deteniéndose en contemplarlo—, pero que a mí antes me causa espanto que placer, porque lo asocio al recuerdo de mis neuralgias. ¿Sabe usted lo que me parece? Me parece que estoy viajando por el interior de un cerebro atacado de violentísima jaqueca. Estas figuras son como las formas perceptibles que afecta el dolor cefalálgico, confundiéndose con los terroríficos bultos y sombrajos que engendra la fiebre.

Ferruginosa: Que contiene hierro.

Neuralgia: Dolor de cabeza.

Jaqueca: Dolor de cabeza.

Cefalálgico: Dolor de cabeza.

—¡*Choto, Choto,* aquí! —dijo el ciego—. Caballero, mucho cuidado ahora, que vamos a entrar en una galería.

Sombrajos: Molestias causadas al quitar la luz a alguien y dejarle en la sombra.

En efecto, Golfín vio que el ciego, tocando el suelo con su palo, se dirigía hacia una puertecilla estrecha cuyo marco eran tres gruesas vigas.

Impavidez: Serenidad.

El perro entró primero olfateando la negra cavidad. Siguiole el ciego con la impavidez de quien vive en perpetuas tinieblas. Teodoro fue detrás, no sin experimentar cierta repugnancia instintiva hacia la importuna excursión bajo tierra.

Pasmoso: Que produce admiración.

—Es pasmoso —dijo— que usted entre y salga por aquí sin tropiezo.

—Me he criado en estos sitios y los conozco como mi propia casa. Aquí se siente frío; abríguese usted si tiene con qué. No tardaremos mucho en salir.

Iba palpando con su mano derecha la pared, formada de vigas perpendiculares. Después dijo:

—Cuide usted de no tropezar en los carriles que hay en el suelo. Por aquí se arrastra el mineral de las pertenencias de arriba. ¿Tiene usted frío?

Esófago: Conducto muscular membranoso que pone en comunicación la faringe con el estómago.

Insectívoro: Que se alimenta de insectos.

—Diga usted, buen amigo —interrogó el doctor festivamente—. ¿Está usted seguro de que no nos ha tragado la tierra? Este pasadizo es un esófago. Somos pobres bichos que hemos caído en el estómago de un gran insectívoro. ¿Y usted, joven, se pasea mucho por estas amenidades?

Esquistos: Pizarra, roca metamórfica homogénea de color negro azulado y grano muy fino, que se divide con facilidad en hojas planas y delgadas.

—Mucho paseo por aquí a todas horas, y me agrada extraordinariamente. Ya hemos entrado en la parte más seca. Esto es arena pura... Ahora vuelve la piedra... Aquí hay filtraciones de agua sulfurosa; por aquí hay una capa de tierra, en que se encuentran conchitas de piedra... También hay capas de pizarra: esto llaman esquistos... ¿Oye usted cómo canta el sapo? Ya estamos cerca de la boca. Allí se pone ese holgazán todas las noches. Le conozco: tiene una voz ronca y pausada.

—¿Quién, el sapo?

—Sí, señor. Ya nos acercamos al fin.

—En efecto; allá veo como un ojo que nos mira. Es la claridad de la boca.

Cuando salieron, el primer accidente que hirió los sentidos del doctor fue el canto melancólico que había oído antes. Oyolo también el ciego; volvió bruscamente y dijo sonriendo con placer y orgullo:

—¿La oye usted?

—Antes oí esa voz y me agradó sobremanera. ¿Quién es la que canta?...

En vez de contestar, el ciego se detuvo, y dando al viento la voz con toda la fuerza de sus pulmones, gritó:

—¡Nela!... ¡Nela!

Ecos sonorosos, próximos los unos, lejanos otros, repitieron aquel nombre.

El ciego, poniéndose las manos en la boca en forma de bocina, gritó:

—No vengas, que voy allá. ¡Espérame en la herrería..., en la herrería!

Después, volviéndose al doctor, le dijo:

—La Nela es una muchacha que me acompaña; es mi lazarillo. Al anochecer volvíamos juntos del prado grande..., hacía un poco de fresco. Como mi padre me ha prohibido que ande de noche sin abrigo, metime en la cabaña de Remolinos, y la Nela corrió a mi casa a buscarme el gabán. Al poco rato de estar en la cabaña, acordeme de que un amigo había quedado en esperarme en casa; no tuve paciencia para aguardar a la Nela, y salí con *Choto*. Pasaba por la Terrible, cuando le encontré a usted... Pronto llegaremos a la herrería. Allí nos separaremos, porque mi padre se enoja cuando entro tarde en casa y ella le acompañará a usted hasta las oficinas.

Gabán: Prenda de abrigo.

—Muchas gracias, amigo mío.

El túnel les había conducido a un segundo espacio más singular que el anterior. Era una profunda grieta abierta en el terreno, a semejanza de las que resultan de un cataclismo; pero no había sido abierta por las palpitaciones fogosas del planeta, sino por el laborioso azadón del minero. Parecía el interior de un gran buque náufrago, tendido sobre la playa, y a quien las olas hubieran quebrado por la mitad, doblándole en un ángulo obtuso. Hasta se podían ver sus descarnados costillajes, cuyas puntas coronaban en desigual fila una de las alturas. En la concavidad panzuda distinguíanse grandes piedras, como restos de carga maltratados por las olas; y era tal la fuerza pictórica del claroscuro de la luna, que Golfín creyó ver, entre mil despojos de cosas náuticas, cadáveres medio devorados por los peces, momias, esqueletos, todo muerto, dormido, semidescompuesto y profundamente tranquilo, cual si por mucho tiempo morara en la inmensa sepultura del mar.[2]

Ángulo obtuso: El mayor de 90 grados.

La ilusión fue completa cuando sintió rumor de agua, un chasquido semejante al de las olas mansas cuando juegan en los huecos de una peña o azotan el esqueleto de un buque náufrago.

—Por aquí hay agua —dijo a su compañero.

—Ese ruido que usted siente —replicó el ciego, deteniéndose—, y que parece... ¿cómo lo diré? ¿No es verdad que parece ruido de gárgaras, como el que hacemos cuando nos curamos la garganta?

—Exactamente. ¿Y dónde está ese buche de agua? ¿Es algún arroyo que pasa?

Buche: Trago, pequeña cantidad de líquido (metáfora).

—No, señor. Aquí, a la izquierda, hay una loma. Detrás de ella se abre una gran boca, una sima, un abismo cuyo fin no se sabe. Se llama la Trascava. Algunos creen que va a dar al mar por junto a Ficóbriga. Otros dicen que por el fondo de él corre un río que está siempre dando vueltas y más vueltas, como una rueda, sin salir nunca fuera. Yo me figuro que será como un remolino. Algunos dicen que hay allá abajo un resoplido de aire que sale de las entrañas de la tierra, como cuando silbamos, el cual resoplido de aire choca contra un chorro de agua, se ponen a reñir, se engrescan,

Engrescan: Provocan y azuzan (personificación).

[2] A menudo la descripción se anima mediante el uso de la alegoría o de metáforas, imágenes y comparaciones sucesivas. En este caso destaca la plasticidad que se transmite al utilizar la alegoría de un barco hundido en el fondo del mar para describir el cráter de la mina.

se enfurecen y producen ese hervidero que oímos de fuera.

—¿Y nadie ha bajado a esa sima?

—No se puede bajar sino de una manera.

—¿Cómo?

—Arrojándose a ella. Los que han entrado no han vuelto a salir, y es lástima, porque nos hubieran dicho qué pasaba allá dentro. La boca de esa caverna hállase a bastante distancia de nosotros; pero hace dos años, los mineros, cavando en este sitio, descubrieron una hendidura en la peña, por la cual se oye el mismo hervor de agua que por la boca principal. Esta hendidura debe comunicar con las galerías de allá dentro, donde está el resoplido que sube y el chorro que baja. De día podrá usted verla perfectamente, pues basta trepar un poco por las piedras del lado izquierdo para llegar hasta ella. Hay un cómodo asiento. Algunas personas tienen miedo de acercarse; pero la Nela y yo nos sentamos allí muy a menudo a oír cómo resuena la voz del abismo. Y efectivamente, señor, parece que nos hablan al oído. La Nela dice y jura que oye palabras, que las distingue claramente. Yo, la verdad, nunca he oído palabras, pero sí un murmullo como soliloquio o meditación, que a veces parece triste, a veces alegre, a veces colérico, a veces burlón.

Soliloquio: Reflexión en voz alta y a solas.

—Pues yo no oigo sino ruido de gárgaras —dijo el doctor, riendo.

—Así parece desde aquí... Pero no nos retardemos, que es tarde. Prepárese usted a pasar otra galería.

—¿Otra?

—Sí, señor. Y esta, al llegar a la mitad, se divide en dos. Hay después un laberinto de vueltas y revueltas, porque se hicieron galerías que después quedaron abandonadas, y aquello está como Dios quiere. *Choto,* adelante.

Choto se metió por un agujero como hurón que persigue al conejo, y siguiéronle el doctor y su guía, que tentaba con su palo el tortuoso, estrecho y lóbrego ca-

Hurón: Animal domesticado que se usa para cazar conejos.

Epidermis: Piel.

mino. Nunca el sentido del tacto había tenido más delicadeza y finura, prolongándose desde la epidermis humana hasta un pedazo de madera insensible. Avanzaron describiendo primero una curva, después ángulos y más ángulos, siempre entre las dos paredes de tablones húmedos y medio podridos.

—¿Sabe usted a lo que se me parece esto? —dijo el doctor, conociendo que los símiles agradaban a su guía—. Pues se me parece a los pensamientos del hombre perverso. Parece que somos la intuición del malo, cuando penetra en su conciencia para verse en toda su fealdad.

Creyó Golfín que se había expresado en lenguaje poco inteligible para el ciego; mas este probole lo contrario, diciendo:

—Para el que posee ese reino desconocido de la luz, estas galerías deben ser tristes; pero yo, que vivo en tinieblas, hallo aquí cierta conformidad de la tierra con mi propio ser. Yo ando por aquí como usted por la calle más ancha. Si no fuera porque a veces es escaso el aire y otras la humedad excesiva, preferiría estos lugares subterráneos a todos los demás lugares que conozco.

—Esto es la idea de la meditación.

—Yo siento en mi cerebro un paso, un agujero lo mismo que este por donde voy, y por él corren mis ideas desarrollándose magníficamente.

—¡Oh! ¡Cuán lamentable cosa es no haber visto nunca la bóveda azul del cielo en pleno día! —exclamó el doctor con espontaneidad suma—. Dígame usted, ¿este conducto donde las ideas de usted se desarrollan magníficamente no se acaba nunca?

—Ya, ya pronto estaremos fuera... ¿Dice usted que la bóveda del cielo...? ¡Ah! Ya me figuro que será una concavidad armoniosa, a la cual parece que podremos alcanzar con las manos, sin poder hacerlo realmente.

Al decir esto, salieron. Golfín, respirando con placer y fuerza, como el que acaba de soltar un gran peso, exclamó mirando al cielo:

—¡Gracias a Dios que os vuelvo a ver, estrellitas del firmamento! Nunca me habéis parecido más lindas que en este instante.

—Al pasar —dijo el ciego alargando su mano, que mostraba una piedra— he cogido este pedazo de caliza cristalizada. ¿Sostendrá usted que estos cristalitos que mi tacto halla tan bien cortados, tan finos y tan bien pegados los unos a los otros no son una cosa muy bella? Al menos, a mí me lo parece.

Diciéndolo, desmenuzaba los cristales.

—Amigo querido —dijo Golfín con emoción y lástima—, es verdaderamente triste que usted no pueda conocer que ese pedrusco no merece la atención del hombre, mientras esté suspendido sobre nuestras cabezas el infinito rebaño de maravillosas luces que llenan la bóveda del cielo.

El ciego volvió su rostro hacia arriba y dijo con profunda tristeza:

—¿Es verdad que existís, estrellas?

—Dios es inmensamente grande y misericordioso —observó Golfín, poniendo su mano sobre el hombro de su acompañante—. ¡Quién sabe, quién sabe, amigo mío!... Se han visto, se ven todos los días casos muy raros.

Mientras esto decía, le miraba de cerca, tratando de examinar, a la escasa claridad de la noche, las pupilas del joven. Fijo y sin mirada, el ciego volvía sonriendo su rostro hacia donde sonaba la voz del doctor.

—No tengo esperanza —murmuró.

Habían salido a un sitio despejado. La luna, más clara a cada rato, iluminaba praderas ondulantes y largos taludes, que parecían las escarpas de inmensas fortificaciones. A la izquierda, y a regular altura, vio el doctor un grupo de blancas casas en el mismo borde de la vertiente.

Talud: Inclinación del terreno.

Escarpa: Plano inclinado en la base de una muralla.

—Aquí, a la izquierda —dijo el ciego, está mi casa. Allá arriba..., ¿sabe usted? Aquellas tres casas es lo que queda del lugar de Aldeacorba de Suso: lo demás ha sido expropiado en diversos años para beneficiar el terreno; todo aquí debajo es calamina. Nuestros padres vivían sobre miles de millones sin saberlo.

Esto decía, cuando se vino corriendo hacia ellos una muchacha, una niña, una chicuela, de ligerísimos pies y menguada de estatura.

—Nela, Nela —dijo el ciego, ¿me traes el abrigo?

—Aquí está —repuso la muchacha, poniéndole un capote sobre los hombros.

—¿Esta es la que cantaba?... ¿Sabes que tienes una preciosa voz?

—¡Oh! —exclamó el ciego con candoroso acento de encomio—, canta admirablemente. Ahora, Mariquilla, vas a acompañar a este caballero hasta las oficinas. Yo me quedo en casa. Ya siento la voz de mi padre que baja a buscarme. Me reñirá de seguro... ¡Allá voy, allá voy!

—Retírese usted pronto, amigo —dijo Golfín, estrechándole la mano—. El aire es fresco y puede hacerle daño. Muchas gracias por la compañía. Espero que seremos amigos, porque estaré aquí algún tiempo... Yo soy hermano de Carlos Golfín, el ingeniero de estas minas.

—¡Ah!..., ya... Don Carlos es muy amigo de mi padre y mío; le espera a usted desde ayer.

—Llegué esta tarde a la estación de Villamojada..., dijéronme que Socartes estaba cerca y que podía venirme a pie. Como me gusta ver el paisaje y hacer ejercicio, y como me dijeron que adelante, siempre adelante, eché a andar, mandando mi equipaje en un carro. Ya ve usted cómo me perdí... Pero no hay mal que por bien no venga... Le he conocido a usted, y seremos amigos, quizás muy amigos... Vaya, adiós; a casa pronto, que el fresco de septiembre no es bueno. Esta señora Nela tendrá la bondad de acompañarme.

—De aquí a las oficinas no hay más que un cuarto de hora de camino..., poca cosa... Cuidado no tropiece usted en los raíles; cuidado al bajar el plano inclinado. Suelen dejar los vagonetes sobre la vía... y con la humedad la tierra está como jabón... Adiós, caballero y amigo mío. Buenas noches.

Subió por una empinada escalera abierta en la tierra, y cuyos peldaños estaban reforzados con vigas. Golfín siguió adelante, guiado por la Nela. Lo que hablaron ¿merecerá capítulo aparte? Por si acaso, se lo daremos.[3]

[3] Nueva intromisión del narrador omnisciente comentándonos las dudas que le acechan mientras va componiendo su relato. Se trata de uno de los procedimientos más eficaces para ganarse la confianza del lector, aunque haya sido criticado por los modernos teóricos de la novela.

3

Un diálogo que servirá de exposición[1]

AGUARDA, HIJA, no vayas tan aprisa —dijo Golfín, deteniéndose—; déjame encender un cigarro.

Estaba tan serena la noche, que no necesitó emplear las precauciones que generalmente adoptan contra el viento los fumadores. Encendido el cigarro, acercó la cerilla al rostro de la Nela, diciendo con bondad:

—A ver, enséñame tu cara.

Mirábale la muchacha con asombro, y sus negros ojuelos brillaron con un punto rojizo, como chispa, en el breve instante que duró la luz del fósforo. Era como una niña, pues su estatura debía contarse entre las más pequeñas, correspondiendo a su talle delgadísimo y a su busto mezquinamente constituido. Era como una jovenzuela, pues sus ojos no tenían el mirar propio de la infancia, y su cara revelaba la madurez de un organismo en que ha entrado o debido entrar el juicio. A pesar de esta desconformidad, era admirablemente proporcionada, y su pequeña cabeza remataba con cierta gallardía el miserable cuerpecillo. Alguien decía que era una mujer mirada con vidrio de disminución; alguno, que era una niña con ojos y expresión de adolescente. No conociéndola, se dudaba si era un asombroso progreso o un deplorable atraso.[2]

[1] El narrador realista —al igual que Cervantes en el *Quijote*— divide la novela en capítulos a los que pone un título que sirve para anticipar su contenido novelesco y en ocasiones —como en este caso— para reafirmar su dominio absoluto sobre lo que se cuenta.

[2] El retrato —en definitiva, una forma de descripción— constituye otra de las piedras

—¿Qué edad tienes tú? —preguntole Golfín, sacudiendo los dedos para arrojar el fósforo, que empezaba a quemarle.

—Dicen que tengo dieciséis años —replicó la Nela, examinando a su vez al doctor.

—¡Dieciséis años! Atrasadilla estás, hija. Tu cuerpo es de doce, a lo sumo.

—¡Madre de Dios! Si dicen que yo soy como un fenómeno... —manifestó ella en tono de lástima de sí misma.

—¡Un fenómeno! —repitió Golfín, poniendo su mano sobre los cabellos de la chica—. Podrá ser. Vamos, guíame.

La Nela comenzó a andar resueltamente, sin adelantarse mucho, antes bien, cuidando de ir siempre al lado del viajero, como si apreciara en todo su valor la honra de tan noble compañía. Iba descalza: sus pies, ágiles y pequeños, denotaban familiaridad consuetudinaria con el suelo, con las piedras, con los charcos, con los abrojos. Vestía una falda sencilla y no muy larga, denotando en su rudimentario atavío, así como en la libertad de sus cabellos sueltos y cortos, rizados con nativa elegancia, cierta independencia más propia del salvaje que del mendigo. Sus palabras, al contrario, sorprendieron a Golfín por lo recatadas y humildes, dando indicios de un carácter formal y reflexivo. Resonaba su voz con simpático acento de cortesía, que no podía ser hijo de la educación, y sus miradas eran fugaces y momentáneas, como no fueran dirigidas al suelo o al cielo.

Consuetudinaria: Habitual.

Abrojo: Planta con espinas.

—Dime le preguntó Golfín—, ¿tú vives en las minas?; Eres hija de algún empleado de esta posesión?

—Dicen que no tengo madre ni padre.

—¡Pobrecita! Tú trabajarás en las minas...

de toque del escritor realista. En este párrafo, y en otros dos de este capítulo, se lleva a cabo la presentación de Marianela, cuyo desgraciado aspecto físico representa un elemento esencial en el desarrollo de la trama.

—No, señor. Yo no sirvo para nada —replicó, sin alzar del suelo los ojos.

—Pues a fe que tienes modestia.

Teodoro se inclinó para mirarle el rostro. Este era delgado, muy pecoso, todo salpicado de menudas manchitas parduscas. Tenía pequeña la frente, picudilla y no falta de gracia la nariz, negros y vividores los ojos; pero comúnmente brillaba en ellos una luz de tristeza. Su cabello, dorado oscuro, había perdido el hermoso color nativo por la incuria y su continua exposición al aire, al sol y al polvo. Sus labios apenas se veían de puro chicos, y siempre estaban sonriendo; pero aquella sonrisa era semejante a la imperceptible de algunos muertos cuando han dejado de vivir pensando en el cielo. La boca de la Nela, estéticamente hablando, era desabrida, fea; pero quizás podía merecer elogios, aplicándole el verso de Polo de Medina[3]: *Es tan linda su boca, que no pide.* En efecto: ni hablando, ni mirando, ni sonriendo, revelaba aquella miserable el hábito degradante de la mendicidad callejera.

Incuria: Descuido.

Desabrida: Desagradable.

Golfín le acarició el rostro con su mano, tomándolo por la barba y abarcándolo casi todo entre sus gruesos dedos.

—¡Pobrecita! —exclamó. Dios no ha sido generoso contigo. ¿Con quién vives?

—Con el señor Centeno, capataz de ganado en las minas.

—Me parece que tú no habrás nacido en la abundancia. ¿De quién eres hija?

—Dicen que mi madre vendía pimientos en el mercado de Villamojada. Era soltera. *Me tuvo* un día de Difuntos, y después se fue a criar a Madrid.[4]

[3] Salvador Jacinto Polo de Medina (1607-1657), escritor barroco y satírico, famoso por sus imitaciones de Quevedo.

[4] Estos orígenes poco honrosos, así como el oficio que Nela realiza al lado de Pablo, el joven ciego, recuerdan al protagonista del *Lazarillo de Tormes* (también editado en esta misma colección); no hace falta insistir en lo diferente de sus personalidades y destinos. El *día de Difuntos* es el 2 de noviembre.

—¡Vaya con la buena señora! —murmuró Teodoro con malicia—. Quizás no tenga nadie noticia de quién fue tu papá.

—Sí, señor —replicó la Nela con cierto orgullo. Mi padre fue el primero que encendió las luces en Villamojada.

¡Cáspita!: Interjección con que se denota extrañeza o admiración.

—¡Cáspita!

—Quiero decir que cuando el Ayuntamiento puso por primera vez faroles en las calles —dijo la muchacha dando a su relato la gravedad de la historia—, mi padre era el encargado de encenderlos y limpiarlos. Yo estaba ya criada por una hermana de mi madre, que era también soltera, según dicen. Mi padre había reñido con ella... Dicen que vivían juntos..., todos vivían juntos..., y cuando iba a farolear me llevaba en el cesto, junto con los tubos de vidrio, las mechas, la aceitera... Un día dicen que subió a limpiar el farol que hay en el puente, puso el cesto sobre el antepecho, yo me salí fuera y caime al río.

Farolear: Cuidar de los faroles del alumbrado.

Mecha: Cuerda retorcida o cinta de filamentos combustibles que se pone en los mecheros de algunos aparatos del alumbrado.

—¡Y te ahogaste!

—No, señor; porque caí sobre piedras. ¡Divina Madre de Dios! Dicen que antes de eso era yo muy bonita.

—Sí, indudablemente eras muy bonita —afirmó el forastero con el alma inundada de bondad—. Y todavía lo eres... Pero dime otra cosa: ¿hace mucho que vives en las minas?

—Dicen que hace trece años. Dicen que mi madre me recogió después de la caída. Mi padre cayó enfermo, y como mi madre no le quiso asistir, porque era malo, él fue al hospital, donde dicen que se murió. Entonces vino mi madre a trabajar a las minas. Dicen que un día la despidió el jefe porque había bebido mucho aguardiente...

—Y tu madre se fue... Vamos, ya me interesa esa señora. Se fue...

—Se fue a un agujero muy grande que hay allá arriba —dijo la Nela, deteniéndose ante el doctor y dando a su voz el tono más patético—, y se metió dentro.

—¡Canario! ¡Vaya un fin lamentable! Supongo que no habrá vuelto a salir.

—No, señor —replicó la Nela con naturalidad—. Allí dentro está.

¡Canario!: Interjección con que se denota sorpresa.

—Después de esa catástrofe, pobre criatura —dijo Golfín con cariño—, has quedado trabajando aquí. Es un trabajo muy penoso el de la minería. Tú estás teñida del color del mineral; estás raquítica y mal alimentada. Esta vida destruye las naturalezas más robustas.

Raquítica: Débil y pequeña.

—No, señor; yo no trabajo. Dicen que yo no sirvo ni puedo servir para nada.

—Quita allá, tonta; tú eres una alhaja.

—Que no, señor —dijo la Nela, insistiendo con energía—. Si no puedo trabajar. En cuanto cargo un peso pequeño, me caigo al suelo. Si me pongo a hacer alguna cosa difícil, en seguida me desmayo.

—Todo sea por Dios... Vamos, que si cayeras tú en manos de personas que te supieran manejar, ya trabajarías bien.

—No, señor —repitió la Nela con tanto énfasis como si se elogiara—, si yo no sirvo más que de estorbo.

—¿De modo que eres una vagabunda?

—No, señor, porque acompaño a Pablo.

—¿Y quién es Pablo?

—Ese señorito ciego, a quien usted encontró en la Terrible. Yo soy su lazarillo desde hace año y medio. Le llevo a todas partes; nos vamos por esos campos paseando.

—Parece buen muchacho ese Pablo.

La Nela se detuvo otra vez, mirando al doctor. Con el rostro resplandeciente de entusiasmo, exclamó:

—¡Madre de Dios! Es lo mejor que hay en el mundo. ¡Pobre amito mío! Sin vista tiene él más talento que todos los que ven.

—Me gusta tu amo. ¿Es de este país?

—Sí, señor. Es hijo único de don Francisco Penáguilas, un caballero muy bueno y muy rico que vive en las casas de Aldeacorba.

—Dime: ¿y a ti por qué te llaman la Nela? ¿Qué quiere decir eso?

La muchacha alzó los hombros. Después de una pausa, repuso:

Seña: Señora.

—Mi madre se llamaba la seña María Canela, pero la decían Nela. Dicen que este es nombre de perra. Yo me llamo María.

—Mariquita.

—María Nela me llaman, y también la hija de la Canela. Unos me dicen Marianela, y otros nada más que la Nela.

—¿Y tu amo te quiere mucho?

—Sí, señor; es muy bueno. Él dice que ve con mis ojos, porque como yo le llevo a todas partes y le digo cómo son todas las cosas...

—Todas las cosas que no puede ver.

El forastero parecía muy gustoso de aquel coloquio.

—Sí, señor; yo le digo todo. Él me pregunta cómo es una estrella, y yo se la pinto de tal modo hablando, que para él es lo mismito que si la viera. Yo le explico todo: cómo son las hierbas y las nubes, el cielo, el agua y los relámpagos, las veletas, las mariposas, el humo, los caracoles, el cuerpo y la cara de las personas y de los animales. Yo le digo lo que es feo y lo que es bonito, y así se va enterando de todo.

—Veo que no es flojo tu trabajo. ¡Lo feo y lo bonito! Ahí es nada... ¿Te ocupas de eso?... Dime, ¿sabes leer?

—No, señor. Si yo no sirvo para nada.

Decía esto en el tono más convincente, y el gesto de que acompañaba su firme protesta parecía añadir: «Es usted un majadero en suponer que yo sirvo para algo».

—¿No verías con gusto que tu amito recibiera de Dios el don de la vista?[5]

[5] Con gran maestría Galdós, desde el principio, va anticipando algunos de los acontecimientos decisivos de la trama, como en este caso la posible curación de Pablo y sus efectos en Marianela.

La muchacha no contestó nada. Después de una pausa, dijo:

—¡Divino Dios! Eso es imposible.

—Imposible no, aunque difícil.

—El ingeniero director de las minas ha dado esperanzas al padre de mi amo.

—¿Don Carlos Golfín?

—Sí, señor. Don Carlos tiene un hermano médico que cura los ojos, y, según dicen, da vista a los ciegos, arregla a los tuertos y les endereza los ojos a los bizcos.

—¡Qué hombre más hábil!

—Sí, señor; y como ahora el médico anunció a su hermano que iba a venir, su hermano le escribió diciéndole que trajera las herramientas para ver si le podía dar vista a Pablo.

—¿Y ha venido ya ese buen hombre?

—No, señor; como anda siempre allá por las Américas y las Inglaterras, parece que tardará en venir. Pero Pablo se ríe de esto, y dice que no le dará ese hombre lo que la Virgen Santísima le negó desde el nacer.

—Quizás tenga razón... Pero dime: ¿estamos ya cerca?... Porque veo chimeneas que arrojan un humo más negro que el del infierno, y veo también una claridad que parece de fragua.

—Sí, señor, ya llegamos. Aquellos son los hornos de la calcinación, que arden día y noche. Aquí enfrente están las máquinas de lavado, que no trabajan sino de día; a mano derecha está el taller de composturas, y allá abajo, a lo último de todo, las oficinas.

En efecto; el lugar aparecía a los ojos de Golfín como lo describía Marianela. Esparciéndose el humo por falta de aire, envolvía en una como gasa oscura y sucia todos los edificios, cuyas masas negras señalábanse confusa y fantásticamente sobre el cielo iluminado por la luna.

—Más hermoso es esto para verlo una vez que para vivir aquí —indicó Golfín apresurando el paso—. La nube de humo lo envuelve todo, y las luces forman un

Fragua: Horno para fundir metales.

Calcinación: Acción y efecto de calcinar, es decir, someter una materia al calor para que, al descomponerse, desprenda toda sustancia volátil.

disco borroso, como el de la luna en noches de bochorno. ¿En dónde están las oficinas?

—Allá: ya pronto llegamos.

Después de pasar por delante de los hornos, cuyo calor obligole a apretar el paso, el doctor vio un edificio tan negro y ahumado como todos los demás. Verlo y sentir los gratos sonidos de un piano tecleado con verdadero frenesí musical fue todo uno.

—Música tenemos. Conozco las manos de mi cuñada.

—Es la señorita Sofía, que toca —afirmó María.

Claridad de alegres habitaciones lucía en los huecos, y el balcón principal estaba abierto. Veíase en él una pequeña ascua: era la lumbre de un cigarro. Antes que el doctor llegase, aquella ascua cayó, describiendo una perpendicular y dividiéndose en menudas y saltonas chispas: era que el fumador había arrojado la colilla.

Ascua: Cualquier materia encendida pero sin llama.

—Allí está el fumador sempiterno —gritó el doctor con acento del más vivo cariño—. ¡Carlos, Carlos!

—¡Teodoro! —contestó una voz en el balcón.

Sempiterno: Que durará siempre; que, habiendo tenido principio, no tendrá fin.

Calló el piano, como un ave cantora que se asusta del ruido. Sonaron pasos en la casa. El doctor dio una moneda de plata a su guía y corrió hacia la puerta.

4

La familia de piedra

MENUDEANDO EL PASO y saltando sobre los obstáculos que hallaba en su camino, la Nela se dirigió a la casa que está detrás de los talleres de maquinaria y junto a las cuadras donde rumiaban pausada y gravemente las sesenta mulas del establecimiento. Era la morada del señor Centeno, de moderna construcción, si bien nada elegante ni aun cómoda. Baja de techo, pequeña para albergar en sus tres piezas a los esposos Centeno, a los cuatro hijos de los esposos Centeno, al gato de los esposos Centeno, y por añadidura a la Nela, la casa, no obstante, figuraba en los planos de vitela de aquel gran establecimiento, ostentando orgullosa, como otras muchas, este letrero: *Vivienda de capataces.*[1]

Vitela: Piel de ternera curtida que se usaba para escribir o dibujar.

En lo interior, el edificio servía para probar, prácticamente, un aforismo que ya conocemos, por haberlo visto enunciado por la misma Marianela; es, a saber, que ella, Marianela, no servía más que de estorbo. En efecto, allí había sitio para todo: para los esposos Centeno; para las herramientas de sus hijos; para mil cachivaches de cuya utilidad no hay pruebas inconcusas; para el gato; para el plato en que comía el gato; para la guitarra de Tanasio; para los materiales que el mismo empleaba en componer *garrotes* (cestas); para media

Aforismo: Sentencia breve que se propone como regla.

Cachivache: Objeto inútil.

Inconcusa: Firme.

[1] He aquí otra de las grandes vertientes de la descripción realista: los interiores domésticos, mediante los cuales se traza la imagen espiritual de sus habitantes. Aquí tenemos a la familia Centeno, en cuya presentación Galdós hace gala de su admirable ironía.

Collera: Collar de cuero que se pone al cuello de las caballerías.

Perol: Cacerola.

Secular: De hace siglos.

docena de colleras viejas de mulas; para la jaula del mirlo; para los dos peroles inútiles; para un altar en que la de Centeno ponía a la Divinidad ofrenda de flores de trapo y unas velas seculares, colonizadas por las moscas; para todo absolutamente, menos para la hija de la Canela. Frecuentemente se oía:

—¡Que no he de dar un paso sin tropezar con esta condenada Nela!...

También se oía esto:

—Vete a tu rincón... ¡Qué criatura! Ni hace ni deja hacer a los demás.

La casa constaba de tres piezas y un desván. Era la primera, además de corredor y sala, alcoba de los Centenos mayores. En la segunda dormían las dos señoritas, que eran ya mujeres, y se llamaban la Mariuca y la Pepina. Tanasio, el primogénito, se agasajaba en el desván, y Celipín, que era el más pequeño de la familia y frisaba en los doce años, tenía su dormitorio en la cocina, la pieza más interna, más remota, más crepuscular, más ahumada y más inhabitable de las tres que componían la morada Centenil.

Frisar: Figuradamente, acercarse.

La Nela, durante los largos años de su residencia allí, había ocupado distintos rincones, pasando de uno a otro conforme lo exigía la instalación de mil objetos que no servían sino para robar a los seres vivos su último pedazo de suelo habitable. En cierta ocasión (no conocemos la fecha con exactitud), Tanasio, que era tan imposibilitado de piernas como de ingenio, y se había dedicado a la construcción de grandes cestas de avellano, puso en la cocina, formando pila, hasta media docena de aquellos ventrudos ejemplares de su industria. Entonces la de la Canela volvió tristemente sus ojos en derredor, sin hallar sitio donde albergarse; pero la misma contrariedad sugiriole repentina y felicísima idea, que al instante puso en ejecución. Metiose bonitamente en una cesta, y así pasó la noche en fácil y tranquilo sueño. Indudablemente, aquello era bueno y cómodo: cuando tenía frío, tapábase con otra cesta. Desde entonces, siempre que había *garrotes* grandes, no careció de estuche en que encerrarse. Por eso decían en la casa: «Duerme como una alhaja».

Durante la comida, y entre la algazara de una conversación animada sobre el trabajo de la mañana, oíase una voz que bruscamente decía: «Toma». La Nela recogía una escudilla de manos de cualquier Centeno grande o chico, y se sentaba contra el arca a comer sosegadamente. También solía oírse al fin de la comida la voz áspera y becerril del señor Centeno diciendo a su esposa en tono de reconvención: «Mujer, que no has dado nada a la pobre Nela».[2] A veces acontecía que la Señana (este nombre se había formado de señora Ana) moviera la cabeza para buscar con los ojos, por entre los cuerpos de sus hijos, algún objeto pequeño y lejano, y que al mismo tiempo dijera: «Pues qué, ¿estaba ahí? Yo pensé que también hoy se había quedado en Aldeacorba».

Algazara: Alboroto.

Escudilla: Vasija ancha en forma de media esfera, en la que se suele servir la sopa y el caldo.

Por las noches, después de cenar, rezaban el rosario. Tambaleándose como sacerdotisas de Baco[3], y revolviendo sus apretados puños en el hueco de los ojos, la Mariuca y la Pepina se iban a sus lechos, que eran cómodos y confortantes, paramentados con abigarradas colchas.

Poco después oíase un roncante dúo de contraltos aletargados, que duraba sin interrupción hasta el amanecer.

Tanasio subía al alto aposento, y Celipín se acurrucaba sobre haraposas mantas, no lejos de las cestas donde desaparecía la Nela.

Acomodados así los hijos, los padres permanecían un rato en la pieza principal; y mientras Centeno, sentándose estiradamente junto a la mesilla y tomando un periódico, hacía mil muecas y visajes que indicaban el

Paramentado: Equipado.

Abigarradas: recargadas, chillonas.

Contralto: Persona que tiene la voz media entre la de tiple y la de tenor.

Haraposa: vieja y rota.

Visaje: Mueca.

[2] Obsérvese el sutil procedimiento de animalización mediante el cual el papel de Marianela en la casa se asemeja al de un gato, o incluso algo menos apreciado.

[3] En la mitología latina Baco (Dioniso en la mitología griega) era el dios del vino y los excesos, a los que se entregaba en compañía de sacerdotisas llamadas ménades.

atrevido intento de leerlo, la Señana sacaba del arca una media repleta de dinero, y después de contado y de añadir o quitar algunas piezas, lo volvía a poner cuidadosamente en su sitio. Sacaba después diferentes líos de papel que contenían monedas de oro, y trasegaba algunas piezas de uno en otro apartadijo. Entonces solían oírse frases sueltas como estas:

Trasegaba: Movía.

Apartadijo: Montoncito.

«He tomado treinta y dos reales para el refajo de la Mariuca... A Tanasio le he puesto los seis reales que se le quitaron... Solo nos faltan once duros para los quinientos...».

Real: Antigua moneda española de diferentes valores.

Refajo: Falda que usan las mujeres, unas veces como prenda interior y otras encima de las enaguas.

O como estas:

«Señores diputados que dijeron sí...». «Ayer celebró una conferencia...», etc.

Los dedos de Señana sumaban, y el de Sinforoso Centeno seguía tembloroso y vacilante los renglones, para poder guiar su espíritu por aquel laberinto de letras.

Aquellas frases iban poco a poco resolviéndose en palabras sueltas, después en monosílabos; oíase un bostezo, otro, y, al fin todo quedaba en plácido silencio, después de extinguida la luz, a cuyo resplandor había enriquecido sus conocimientos el capataz de mulas.

Una noche, después que todo calló, dejose oír ruido de cestas en la cocina. Como allí había alguna claridad, porque jamás se cerraba la madera del ventanillo, Celipín Centeno, que no dormía aún, vio que las dos cestas más altas, colocadas una contra otra, se separaban, abriéndose como las conchas de un bivalvo[4]. Por el hueco aparecieron la naricilla y los negros ojos de Nela.

Bivalvo: Molusco que tiene dos conchas, como el mejillón o la almeja.

—Celipín, Celipinillo —dijo esta, sacando también su mano—, ¿estás dormido?

—No, despierto estoy. Nela, pareces una almeja. ¿Qué quieres?

---

[4] La habilidad de Galdós para encontrar la comparación más eficaz y plástica se demuestra con esta visión de Nela asomándose desde el interior de las dos cestas, como si fuera un mejillón o una almeja.

—Toma, toma esta peseta que me dio esta noche un caballero, hermano de don Carlos... ¿Cuánto has juntado ya?... Este sí que es regalo. Nunca te había dado más que cuartos.

—Dame acá; muchas gracias, Nela —dijo el muchacho, incorporándose para tomar la moneda—. Cuarto a cuarto, ya me has dado al pie de treinta y dos reales... Aquí lo tengo en el seno, muy bien guardadito en el saco que me diste. ¡Eres una real moza!

Al pie: Cerca.

Yo no quiero para nada el dinero. Guárdalo bien, porque si la Señana te lo descubre, creerá que es para vicios y te pegará con el palo grande.

—No, no es para vicios, no es para vicios —dijo el chico con energía, oprimiéndose el seno con una mano, mientras sostenía su cabeza en la otra—: es para hacerme hombre de provecho, Nela, para hacerme hombre de pesquis, como muchos que conozco. El domingo, si me dejan ir a Villamojada, he de comprar una cartilla para aprender a leer, ya que aquí no quieren enseñarme. ¡Córcholis! Aprenderé solo. ¡Ay!, Nela, dicen que don Carlos era hijo de uno que barría las calles en Madrid. Él solo, solito él, con la ayuda de Dios, aprendió todo lo que sabe.

Pesquis: Ingenio.

¡Córcholis!: ¡Caramba!

—Puede que pienses tú hacer lo mismo, bobo.

—¡Córcholis! Puesto que mis padres no quieren sacarme de estas condenadas minas, yo me buscaré otro camino; sí, ya verás quién es Celipín. Yo no sirvo para esto, Nela. Deja tú que tenga reunida una buena cantidad, y verás, verás cómo me planto en la villa, y allí, o tomo el tren para irme a Madrid, o un vapor que me lleve a las islas de allá lejos,[5] o me meto a servir con tal que me dejen estudiar.

—¡Madre de Dios divino! ¡Qué calladas tenías esas picardías! —dijo la Nela, abriendo más las conchas de su estuche y echando fuera toda la cabeza.

[5] Referencia a la emigración a Cuba, tan habitual entre los hombres jóvenes sin recursos en las regiones de la cornisa cantábrica a lo largo del siglo XIX.

—¿Pero tú me tienes por bobo?... ¡Ay!, Nelilla, estoy rabiando. Yo no puedo vivir así, yo me muero en las minas. ¡Córcholis! Paso las noches llorando, y me muerdo las manos, y... no te asustes, Nela, ni me creas malo por lo que voy a decirte: a ti sola te lo digo.

—¿Qué?

—Que no quiero a mi madre ni a mi padre como los debiera querer.

—Ea, pues si haces eso, no te vuelvo a dar un real. ¡Celipín, por amor de Dios, piensa bien lo que dices!

—No lo puedo remediar. Ya ves cómo nos tienen aquí. ¡Córcholis! No somos gente, sino animales. A veces se me pone en la cabeza que somos menos que las mulas, y yo me pregunto si me diferencio en algo de un borrico... Coger una cesta llena de mineral y echarla en un vagón; empujar el vagón hasta los hornos; revolver con un palo el mineral que se está lavando. ¡Ay!... —al decir esto, los sollozos cortaban la voz del infeliz muchacho—. ¡Cor... córcholis!,[6] el que pase muchos años en este trabajo, al fin se ha de volver malo, y sus sesos serán de calamina... No, Celipín no sirve para esto... Les digo a mis padres que me saquen de aquí y me pongan a estudiar, y responden que son pobres y que yo tengo mucha *fantesía*. Nada, nada; no somos más que bestias que ganamos un jornal... ¿Pero tú no me dices nada?

Calamina: Mineral blanco o amarillento del que se extrae el cinc.

La Nela no respondió... Quizá comparaba la triste condición de su compañero con la suya propia, hallando esta infinitamente más aflictiva.

Aflictiva: Dolorosa.

—¿Qué quieres tú que yo te diga? —replicó al fin—. Como yo no puedo ser nunca nada, como yo no soy persona, nada te puedo decir... Pero no pienses esas cosas malas, no pienses eso de tus padres.

—Tú lo dices por consolarme; pero bien ves que tengo razón..., y me parece que estás llorando.

[6] La repetición de esta exclamación obedece al intento —desde luego, no demasiado elaborado— de individualizar al personaje de Celipín a través de su lenguaje.

—Yo no.

—Sí; tú estás llorando.

—Cada uno tiene sus cositas que llorar —repuso María con voz sofocada—. Pero es muy tarde, Celipe, y es preciso dormir.

—Todavía no..., ¡córcholis!

—Sí, hijito. Duérmete y no pienses en esas cosas malas. Buenas noches.

Cerráronse las conchas de almeja, y todo quedó en silencio.

Se ha declamado mucho contra el positivismo de las ciudades, plaga que, entre las galas y el esplendor de la cultura, corroe los cimientos morales de la sociedad; pero hay una plaga más terrible, y es el positivismo de las aldeas, que petrifica millones de seres, matando en ellos toda ambición noble y encerrándoles en el círculo de una existencia mecánica, brutal y tenebrosa. Hay en nuestras sociedades enemigos muy espantosos, a saber: la especulación, el agio, la metalización del hombre culto, el negocio; pero sobre estos descuella un monstruo que a la callada destroza más que ninguno: es la codicia del aldeano. Para el aldeano codicioso no hay ley moral, ni religión, ni nociones claras del bien; todo esto se revuelve en su alma con supersticiones y cálculos groseros, formando un todo inexplicable. Bajo el hipócrita candor se esconde una aritmética parda que supera en agudeza y perspicacia a cuanto idearon los matemáticos más expertos. Un aldeano que toma el gusto a los ochavos y sueña con trocarlos en plata, para convertir después la plata en oro, es la bestia más innoble que puede imaginarse; porque tiene todas las malicias y sutilezas del hombre y una sequedad de sentimientos que espanta. Su alma se va condensando hasta no ser más que un graduador de cantidades. La ignorancia, la rusticidad, la miseria en el vivir completan esta abominable pieza, quitándole todos los medios de disimular su descarnado interior. Contando por los dedos, es capaz de reducir a núme-

Positivismo: Actitud práctica, realista.

Especulación: Operación para ganar dinero.

Agio: Negocio con acciones o cambios de moneda.

Perspicacia: Inteligencia.

Ochavo: Moneda de poco valor.

Abominable: Despreciable.

ros todo el orden moral, y la conciencia y el alma toda.[7]

La Señana y el señor Centeno, que habían hallado al fin, después de mil angustias, su *pedazo de pan* en las minas de Socartes, reunían, con el trabajo de sus cuatro hijos, un jornal que les habría parecido fortuna de príncipes en los tiempos en que andaban de feria en feria vendiendo pucheros. Debe decirse, tocante a las facultades intelectuales del señor Centeno, que su cabeza, en opinión de muchos, rivalizaba en dureza con el martillo-pilón montado en los talleres; no así tocante a las de Señana, que parecía mujer de muchísimo caletre y trastienda, y gobernaba toda la casa como gobernaría el más sabio príncipe sus Estados. Ella apandaba bonitamente el jornal de su marido y de sus hijos, que era una hermosa suma, y cada vez que había cobranza, parecíale que entraba por las puertas de su casa el mismo Jesús sacramentado; tal era el gusto que la vista de las monedas le producía.

Martillo pilón: Martillo mecánico de grandes dimensiones.

Caletre: Sentido común.

Apandaba: Se apropiaba.

Cobranza: Recepción del sueldo.

La Señana daba muy pocas comodidades a sus hijos en cambio de la hacienda que con las manos de ellos iba formando; pero como no se quejaban de aquella atroz y degradante miseria en que vivían, como no mostraban nunca pujos de emancipación ni anhelo de otra vida mejor y más digna de seres inteligentes, la Señana dejaba correr los días. Muchos pasaron antes que sus hijas durmieran en camas; muchísimos antes que cubrieran sus lozanas carnes con vestidos decentes. Dábales de comer sobria y metódicamente, haciéndose partidaria en esto de los preceptos higiénicos más en boga; pero la comida en su casa era triste, como un pienso dado a seres humanos.[8]

Pujo: Deseo.

[7] Descubrimos aquí un rasgo típico de la novela de tesis: de repente el narrador se desentiende de la acción novelada para introducir en bruto su opinión sobre un asunto concreto, introduciendo a menudo —como en este caso— buena cantidad de términos específicos que rompen el tono de la novela.

[8] La Señana es una primera cristalización de la tacañería, que luego se encarnará en dos memorables creaciones galdosianas: los personajes del usurero Torquemada (en las novelas

En cuanto al pasto intelectual, la Señana creía firmemente que con la erudición de su esposo, el señor Centeno, adquirida en copiosas lecturas, tenía bastante la familia para merecer el dictado de sapientísima, por lo cual no trató de atiborrar el espíritu de sus hijos con las rancias enseñanzas que se dan en la escuela. Si los mayores asistieron a ella, el más pequeño viose libre de maestros, y engolfado vivía durante doce horas diarias en el embrutecedor trabajo de las minas, con lo cual toda la familia navegaba ancha y holgadamente por el inmenso piélago de la estupidez.

Atiborrar: Llenar.

Piélago: Mar. Figuradamente, lo que por su abundancia es difícil de enumerar y contar.

Las dos hembras, Mariuca y Pepina, no carecían de encantos, siendo los principales su juventud y su robustez. Una de ellas leía de corrido; la otra no, y en cuanto a conocimientos del mundo, fácilmente se comprende que no carecería de algunos rudimentos quien vivía entre risueño coro de ninfas de distintas edades y procedencias, ocupadas en un trabajo mecánico y con boca libre. Mariuca y Pepina eran muy apechugadas, muy derechas, fuertes y erguidas como amazonas. Vestían falda corta, mostrando media pantorrilla y el carnoso pie descalzo, y sus rudas cabezas habrían lucido mucho sosteniendo un arquitrabe, como las mujeres de la Caria[9]. El polvillo de la calamina, que las teñía de pies a cabeza, como a los demás trabajadores de las minas, dábales aire de colosales figuras de barro crudo.

Rudimentos: Nociones básicas.

Ninfas: Diosas menores de la mitología grecolatina.

Amazonas: Mujeres guerreras en la mitología griega.

Arquitrabe: En la arquitectura griega eran las vigas exteriores principales.

Tanasio era un hombre apático. Su falta de carácter y de ambición rayaban en el idiotismo. Encerrado en las cuadras desde su infancia, ignorante de toda travesura, de toda contrariedad, de todo placer, de toda pena, aquel joven, que ya había nacido dispuesto a ser máquina, se convirtió poco a poco en la herramienta más grosera. El día en que semejante ser tuviera una

de Torquemada) y don Francisco de Bringas y Caballero (*La de Bringas*), funcionario real obsesionado por el ahorro.

[9] Hermanas de Caria, hija del rey griego Dión, que fueron convertidas en roca por Baco por haber protegido a su hermana de sus persecuciones amorosas.

idea propia, se cambiaría el orden admirable de todas las cosas, por el cual ninguna piedra puede pensar.

Las relaciones de esta prole con su madre, que era la gobernadora de toda la familia, eran las de una docilidad absoluta por parte de los hijos, y de un dominio soberano por parte de la Señana. El único que solía mostrar indicios de rebelión era el chiquitín. La Señana, en sus cortos alcances, no comprendía aquella aspiración diabólica a dejar de ser piedra. ¿Por ventura había existencia más feliz y ejemplar que la de los peñascos? No admitía, no, que fuera cambiada, ni aun por la de canto rodado. Y Señana amaba a sus hijos; ¡pero hay tantas maneras de amar! Ella les ponía por encima de todas las cosas, siempre que se avinieran a trabajar perpetuamente en las minas, a amasar en una sola artesa todos sus jornales, a obedecerla ciegamente y a no tener aspiraciones locas, ni afán a lucir galas, ni de casarse antes de tiempo, ni de aprender diabluras, ni de meterse en sabidurías,[10] «porque los pobres —decía— siempre habían de ser pobres, y como pobres portarse, y no querer parlanchinear como los ricos y gente de la ciudad, que estaba toda comida de vicios y podrida de pecados».

Artesa: Cajón o mueble de madera donde se amasaba el pan.

Hemos descrito el trato que tenían en casa de Centeno los hijos, para que se comprenda el que tendría la Nela, criatura abandonada, sola, inútil, incapaz de ganar jornal, sin pasado, sin porvenir, sin abolengo, sin esperanza, sin personalidad, sin derecho a nada más que al sustento. Señana se lo daba, creyendo firmemente que su generosidad rayaba en heroísmo. Repetidas veces dijo para sí, al llenar la escudilla de la Nela: «¡Qué bien me gano mi puestecico en el Cielo!».

Abolengo: Antepasados ilustres.

Y lo creía como el Evangelio. En su cerrada mollera no entraban ni podían entrar otras luces sobre el santo

Mollera: Mentalidad, en tono despectivo.

[10] Hasta aquí tenemos un ejemplo del uso del estilo indirecto libre, que nos ha permitido introducirnos en la mente de la señora Centeno; las últimas líneas del párrafo incorporan el estilo directo.

ejercicio de la caridad; no comprendía que una palabra cariñosa, un halago, un trato delicado y amante que hicieran olvidar al pequeño su pequeñez, al miserable su miseria, son heroísmos de más precio que el bodrio sobrante de una mala comida. ¿Por ventura no se daba lo mismo al gato? Y este, al menos, oía las voces más tiernas. Jamás oyó la Nela que se la llamara *michita, monita,* ni que le dijeran *repreciosa,* ni otros vocablos melosos y conmovedores con que era obsequiado el gato.

Bodrio: Objeto feo y sin valor.

Meloso: Dulce.

Jamás se le dio a entender a la Nela que había nacido de criatura humana, como los demás habitantes de la casa. Nunca fue castigada; pero ella entendió que este privilegio se fundaba en la desdeñosa lástima que inspiraba su menguada constitución física, y de ningún modo en el aprecio de su persona.

Nunca se le dio a entender que tenía un alma pronta a dar ricos frutos si se la cultivaba con esmero, ni que llevaba en sí, como los demás mortales, ese destello del eterno saber que se nombra inteligencia humana, y que de aquel destello podían salir infinitas luces y lumbre bienhechora. Nunca se le dio a entender que en su pequeñez fenomenal llevaba en sí el germen de todos los sentimientos nobles y delicados, y que aquellos menudos brotes podían ser flores hermosísimas y lozanas, sin más cultivo que una simple mirada de vez en cuando. Nunca se le dio a entender que tenía derecho, por el mismo rigor de la Naturaleza al criarla, a ciertas atenciones de que pueden estar exentos los robustos, los sanos, los que tienen padres y casa propia, pero que corresponden por jurisprudencia cristiana al inválido, al pobre, al huérfano y al desheredado.[11]

Jurisprudencia: Derecho.

Por el contrario, todo le demostraba su semejanza con un canto rodado, el cual ni siquiera tiene forma propia, sino aquella que le dan las aguas que lo arras-

[11] Obsérvese el equilibrado uso de la anáfora múltiple (*Nunca se le dio a entender...*) al cerrar el capítulo mediante una reflexión para subrayar el abandono y la desprotección en la que ha vivido Marianela.

tran y el puntapié del hombre que lo desprecia. Todo le demostraba que su jerarquía dentro de la casa era inferior a la del gato, cuyo lomo recibía las más finas caricias, y a la del mirlo que saltaba en su jaula.

Al menos, de estos no se dijo nunca con cruel compasión: «Pobrecita, mejor cuenta le hubiera tenido morirse».

5

Trabajo. Paisaje. Figura

El humo de los hornos, que durante toda la noche velaban respirando con bronco resoplido, se plateó vagamente en sus espirales más remotas; apareció risueña claridad por los lejanos términos y detrás de los montes, y poco a poco fueron saliendo sucesivamente de la sombra los cerros que rodean a Socartes, los inmensos taludes de tierra rojiza, los negros edificios. La campana del establecimiento gritó con aguda voz: «Al trabajo», y cien y cien hombres soñolientos salieron de las casas, cabañas, chozas y agujeros. Rechinaban los goznes de las puertas; de las cuadras salían pausadamente las mulas, dirigiéndose solas al abrevadero, y el establecimiento, que poco antes semejaba una mansión fúnebre alumbrada por la claridad infernal de los hornos, se animaba, moviendo sus miles de brazos.

El vapor principió a zumbar en las calderas de la gran automóvil[1], que hacía funcionar a un tiempo los aparatos de los talleres y el aparato de lavado. El agua, que tan principal papel desempeñaba en esta operación, comenzó a correr por las altas cañerías, de donde debía saltar sobre los cilindros. Risotadas de mujeres y ladridos de hombres que venían de tomar la mañana precedieron a la faena; y al fin empezaron a girar las cribas cilíndricas con infernal chillido; el agua corría de una en otra, pulverizándose, y la tierra sucia

[1] «... la gran automóvil»: La gran máquina que genera movimiento.

se atormentaba con vertiginoso voltear, rodando y cayendo de rueda en rueda, hasta convertirse en fino polvo achocolatado. Sonaba aquello como mil mandíbulas de dientes flojos que mascaran arena; parecía molino por el movimiento mareante; kaleidóscopo[2], por los juegos de la luz, del agua y de la tierra; enorme sonajero, de innúmeros cachivaches, compuesto por el ruido. No se podía fijar la atención, sin sentir vértigo, en aquel voltear incesante de una infinita madeja de hilos de agua, ora claros y transparentes, ora teñidos de rojo por la arcilla ferruginosa; ni cabeza humana que no estuviera hecha a tal espectáculo podría presenciar el feroz combate de mil ruedas dentadas, que sin cesar se mordían unas a otras, y de ganchos que se cruzaban royéndose, y de tornillos que, al girar, clamaban con lastimero quejido pidiendo aceite.

Cachivache: Trasto.

Ferruginosa: Que contiene hierro.

El lavado estaba al aire libre. Las correas de transmisión venían zumbando desde el departamento de la máquina. Otras correas se pusieron en movimiento, y entonces oyose un estampido rítmico, un horrísono compás, a la manera de gigantescos pasos o de un violento latido interior de la madre tierra. Era el gran martillo-pilón del taller, que había empezado a funcionar. Su formidable golpe machacaba el hierro como blanda pasta, y esas formas de ruedas, ejes y raíles, que nos parecen eternas por lo duras, empezaban a desfigurarse, torciéndose y haciendo muecas, como rostros afligidos. El martillo, dando porrazos uniformes, creaba formas nuevas tan duras como las geológicas, que son obra laboriosa de los siglos. Se parecen mucho, sí, las obras de la fuerza a las de la paciencia.

Hombres negros, que parecían el carbón humanado, se reunían en torno a los objetos de fuego que salían de las fraguas, y, cogiéndolos con aquella prolon-

[2] En la actualidad se escribe «calidoscopio»; se trata de un tubo que contiene espejos inclinados entre los que hay fragmentos sueltos de vidrios; al mirar por un extremo se ven figuras geométricas que varían al mover el tubo.

gación incandescente de los dedos a quien llaman tenazas, los trabajaban. ¡Extraña escultura la que tiene por genio al fuego y por cincel al martillo! Las ruedas y los ejes de los millares de vagonetes, las piezas estropeadas del aparato de lavado recibían allí compostura, y eran construidos los picos, azadas y carretillas. En el fondo del taller, las sierras hacían chillar la madera, y aquel mismo hierro, educado en el trabajo por el fuego, destrozaba las generosas fibras del árbol arrancado a la tierra.[3]

También afuera las mulas habían sido enganchadas a los largos trenes de vagonetes. Veíaselas pasar arrastrando tierra inútil para verterla en los taludes, o mineral para conducirlo al lavadero. Cruzábanse unos con otros aquellos largos reptiles, sin chocar nunca. Entraban por la boca de las galerías, siendo entonces perfecta su semejanza con los resbaladizos habitantes de las húmedas grietas; y cuando en las oscuridades del túnel relinchaba la indócil mula, creeríase que los saurios disputaban, chillando. Allá en lo último, en las más remotas cañadas, centenares de hombres golpeaban con picos la tierra para arrancarle, pedazo a pedazo, su tesoro. Eran los escultores de aquellas caprichosas e ingentes figuras que permanecían en pie, atentas, con gravedad silenciosa, a la invasión del hombre en las misteriosas esferas geológicas. Los mineros derrumbaban aquí, horadaban allá, cavaban más lejos, rasguñaban en otra parte, rompían la roca cretácea, desbarataban las graciosas láminas de pizarra psamnita y esquistosa, despreciaban la caliza arcillosa, apartaban la limonita y el oligisto, destrozaban la preciosa dolomía, revolviendo incesantemente hasta dar con el

Saurio: Orden de reptiles escamosos, generalmente de cuatro patas y con cola larga, como el lagarto y la lagartija.

Horadaban: Agujereaban.

Cretácea: Cretácica. Perteneciente al último período geológico de la Era Secundaria en la formación de la Tierra.

Psamnita: Samita. Arenisca arcillosa y micácea, fácilmente disgregable por la disposición de la mica en láminas.

Esquistosa: Que se parte fácilmente en láminas.

Limonita: Mineral formado por óxido de hierro hidratado.

Oligisto: Óxido de hierro de color rojizo o negruzco.

Dolomía: Roca semejante a la caliza.

[3] A lo largo de esta vigorosa descripción destaca la acumulación de imágenes y metáforas humanizadoras que animan la visión del duro trabajo en las minas. En el párrafo siguiente la abundancia de terminología científica produce el efecto contrario. En general la explotación minera y su localización geográfica se inspira en las minas de Reocín, localidad de Cantabria cercana a la ciudad de Torrelavega, situada a unos 25 km de Santander en dirección oeste.

Silicato de cinc: Mineral blanco o grisáceo que a veces forma masas compactas.

silicato de cinc, esa plata de Europa que, no por ser la materia de que se hacen las cacerolas, deja de ser grandiosa fuente de bienestar y civilización. Sobre ella ha alzado Bélgica el estandarte de su grandeza moral y política. ¡Oh! La hojalata tiene también su epopeya.[4]

Babilónicas: Enormes, impresionantes.

El cielo estaba despejado; el sol derramaba libremente sus rayos, y la vasta pertenencia de Socartes resplandecía con súbito tono rojo. Rojas eran las peñas esculturales; rojo el mineral precioso; roja la tierra inútil acumulada en los largos taludes, semejantes a babilónicas murallas; rojo el suelo; rojos los carriles y los vagones; roja toda la maquinaria; roja el agua; rojos los hombres y las mujeres que trabajaban en toda la extensión de Socartes. El color subido de ladrillo era uniforme, con ligeros cambiantes, y general en todo: en la tierra y las casas, en el hierro y en los vestidos. Las mujeres ocupadas en lavar parecían una pléyade de equívocas ninfas de barro ferruginoso crudo. Por la cañada abajo, en dirección al río, corría un arroyo de agua encarnada. Creeríase que era el sudor de aquel gran trabajo de hombres y máquinas, del hierro y de los músculos.

Pléyade: Constelación; grupo, conjunto.

Calaminífera: Que contiene calamina.

La Nela salió de su casa. También ella, a pesar de no trabajar en las minas, estaba teñida ligeramente de rojo, porque el polvo de la tierra calaminífera no perdona a nadie. Llevaba en la mano un mendrugo de pan que le había dado la Señana para desayunarse, y, comiéndoselo, marchaba aprisa, sin distraerse con nada, formal y meditabunda. No tardó en pasar más allá de los edificios, y, después de subir el plano inclinado, subió la escalera labrada en la tierra, hasta llegar a las casas de la barriada de Aldeacorba. La primera que se en-

[4] El narrador realista y naturalista gusta de introducir en sus novelas páginas en las que demuestra su amplia documentación y conocimiento de un ambiente concreto; en este caso el mundo de la minería, también tratado por el francés Émile Zola —fundador del naturalismo— en *Germinal*; décadas después la española Concha Espina toca este mismo tema en su relato más admirado: *El metal de los muertos*. La documentación exhaustiva se refleja aquí en la abundancia de términos técnicos.

contraba era una primorosa vivienda infanzona, grande, sólida, alegre, restaurada y pintada recientemente, con cortafuegos de piedra, aleros labrados y ancho escudo circundado de follaje granítico. Antes faltara en ella el escudo que la parra, cuyos sarmientos, cargados de hoja, parecían un bigote que aquella tenía en el lugar correspondiente de su cara, siendo las dos ventanas los ojos, el escudo la nariz, y el largo balcón la boca, siempre riendo. Para que la personificación fuera completa, salía del balcón una viga destinada a sujetar la cuerda de tender ropa, y con tal accesorio la casa con rostro estaba fumándose un cigarro puro. Su tejado era en figura de gorra de cuartel, y tenía una ventana de buhardilla que parecía una borla. La chimenea no podía ser más que una oreja. No era preciso ser fisonomista para comprender que aquella cara respiraba paz, bienestar y una conciencia tranquila.

Infanzona: Hidalga.

Alero: Borde del tejado que sobresale de la pared.

Fisonomista: Que se dedica al estudio de la fisonomía o que tiene facilidad natural para recordar y distinguir a las personas por esta.

Dábale acceso un patiecillo circundado de tapias, y al costado derecho tenía una hermosa huerta. Cuando la Nela entró, salían las vacas, que iban a la pradera. Después de cambiar algunas palabras con el gañán, que era un mocetón formidable... así como de tres cuartas de alto y de diez años de edad..., dirigiose a un señor obeso, bigotudo, entrecano, encarnado, de simpático rostro y afable mirar, de aspecto entre soldadesco y campesino, el cual apareció en mangas de camisa, con tirantes, y mostrando hasta el codo los velludos fornidos brazos. Antes que la muchacha hablara, el señor de los tirantes volviose adentro y dijo:

Gañán: Mozo de labranza.

—Hijo mío, aquí tienes a la Nela.

Salió de la casa un joven, estatua del más excelso barro humano, grave, derecho, con la cabeza inmóvil y los ojos clavados y fijos en sus órbitas, como lentes expuestos en un muestrario. Su cara parecía de marfil, contorneada con exquisita finura; mas teniendo su tez la suavidad de la de una doncella, era varonil en gran manera, y no había en sus facciones parte alguna ni rasgo que no tuviese aquella perfección soberana con

Helénico: Originario de la Grecia antigua.

que fue expresado hace miles de años el pensamiento helénico. Aun sus ojos, puramente escultóricos, porque carecían de vista, eran hermosísimos, grandes y rasgados. Desvirtuábalos su fijeza y la idea de que tras aquella fijeza estaba la noche. Falto del don que constituye el núcleo de la expresión humana, aquel rostro de Antinoo[5] ciego poseía la fría serenidad del mármol, convertido por el genio y el cincel en estatua, y por la fuerza vital en persona. Un soplo, un rayo de luz, una sensación bastarían para animar la hermosa piedra, que teniendo ya todas las galas de la forma, carecía tan solo de la conciencia de su propia belleza, la cual emana de la facultad de conocer la belleza exterior.

Parecía tener veinte años, y su cuerpo, sólido y airoso, con admirables proporciones construido, era digno en todo de la sin igual cabeza que sustentaba. Jamás se vio incorrección más lastimosa de la Naturaleza que la que tan acabado tipo de la humana forma representaba, recibiendo por una parte admirables dones, y siendo privado por otra de la facultad que más comunica al hombre con sus semejantes y con el maravilloso conjunto de todo lo creado. Era tal la incorrección, que aquellos prodigiosos dones quedaban como inútiles, del mismo modo que si al ser creadas todas las cosas hubiéralas dejado el Hacedor a oscuras, para que no pudieran recrearse en sus propios encantos. Para que la imperfección, ¡ira de Dios!, fuese más manifiesta, había recibido el joven portentosa luz interior, un entendimiento de primer orden. Esto, y carecer de la facultad de percibir la idea visible, que es la forma, siendo al mismo tiempo divino como un ángel, hermoso como un hombre y ciego como un vegetal, era fuerte cosa ciertamente. No comprendemos, ¡ay!, el secreto de estas horrendas incorrecciones. Si lo com-

El Hacedor: Dios.

[5] Antinoo era símbolo de la belleza masculina en la Antigüedad; el nombre corresponde a un joven esclavo del emperador Adriano, elevado luego a la condición de favorito. A su muerte, el emperador romano le otorgó la categoría de dios, lo que lo convirtió en modelo para multitud de artistas.

prendiéramos, se abrirían para nosotros las puertas que ocultan primordiales misterios del orden moral y del orden físico; comprenderíamos el inmenso misterio de la desgracia, del mal, de la muerte, y podríamos medir la perpetua sombra que sin cesar sigue al bien y a la vida.

Don Francisco Penáguilas, padre del joven, era un hombre más que bueno, era inmejorable, superiormente discreto, bondadoso, afable, honrado y magnánimo, no falto de instrucción. Nadie le aborreció jamás; era el más respetado de todos los labradores ricos del país, y más de una cuestión se arregló por la mediación, siempre inteligente, del *señor de Aldeacorba de Suso*. La casa en que le hemos visto fue su cuna. Había estado de joven en América, y al regresar a España sin fortuna, había entrado a servir en la Guardia Civil. Retirado a su pueblo natal, donde se dedicaba a la labranza y a la ganadería, heredó regular hacienda, y en la época de nuestra historia acababa de heredar otra muy grande.

Su esposa, que era andaluza, había muerto en edad muy temprana, dejándole un solo hijo, que desde el nacer demostró hallarse privado en absoluto del más precioso de los sentidos. Esto fue la pena más aguda que amargó los días del buen padre. ¿Qué le importaba allegar riqueza y ver que la fortuna favorecía sus intereses y sonreía en su casa? ¿Para quién era esto? Para quien no podía ver ni las gordas vacas, ni las praderas risueñas, ni las repletas trojes, ni la huerta cargada de frutas. Don Francisco hubiera dado sus ojos a su hijo, quedándose él ciego el resto de sus días, si esta especie de generosidades fuesen practicables en el mundo que conocemos; pero como no lo son, no podía don Francisco dar realidad al noble sentimiento de su corazón sino proporcionando al desgraciado joven todo cuanto pudiera hacerle agradable la oscuridad en que vivía. Para él eran todos los cuidados y los infinitos mimos y delicadezas cuyo secreto pertenece a las madres, y al-

Allegar: Reunir, amontonar.

Troje: Granero.

gunas veces a los padres, cuando faltan aquellas. Jamás contrariaba a su hijo en nada que fuera para su consuelo y entretenimiento en los límites de lo honesto y moral. Divertíale con cuentos y lecturas; tratábale con solícito esmero, atendiendo a su salud, a sus goces legítimos, a su instrucción y a su educación cristiana; porque el señor de Penáguilas, que era un si es no es severo de principios, decía: «No quiero que mi hijo sea ciego dos veces».

Ser un si es no es: Expresión que denota cortedad o pequeñez.

Viéndole salir, y que la Nela le acompañaba fuera, díjoles cariñosamente:

—No os alejéis hoy mucho. No corráis... Adiós.

Miroles desde la portalada hasta que dieron vuelta a la tapia de la huerta. Después entró, porque tenía que hacer varias cosas: escribir una esquela a su hermano Manuel, ordeñar una vaca, podar un árbol y ver si había puesto la gallina pintada.

Esquela: Carta breve.

6

Tonterías

PABLO Y MARIANELA SALIERON AL CAMPO, precedidos de *Choto*, que iba y volvía gozoso y saltón, moviendo la cola y repartiendo por igual sus caricias entre su amo y el lazarillo de su amo.

—Nela —dijo Pablo—, hoy está el día muy hermoso. El aire que corre es suave y fresco, y el sol calienta sin quemar. ¿Adónde vamos?

—Echaremos por estos prados adelante —replicó la Nela, metiendo su mano en una de las faltriqueras de la americana del mancebo—. ¿A ver qué me has traído hoy?

Faltriquera: Bolsillo.

—Busca bien, y encontrarás algo —dijo Pablo, riendo.

—¡Ah, Madre de Dios! Chocolate crudo... ¡Y poco que me gusta el chocolate crudo!... Nueces..., una cosa envuelta en un papel... ¿Qué es? ¡Ah! ¡Madre de Dios! Un dulce... ¡Dios divino! ¡Pues a fe que me gusta poco el dulce! ¡Qué rico está! En mi casa no se ven nunca estas comidas ricas, Pablo. Nosotros no gastamos lujo en el comer. Verdad que no lo gastamos tampoco en el vestir. Total, no lo gastamos en nada.

—¿Adónde vamos hoy? —repitió el ciego.

—Adonde quieras, niño de mi corazón —repuso la Nela, comiéndose el dulce y arrojando el papel que lo envolvía—. Pide por esa boca, rey del mundo.

Los negros ojuelos de la Nela brillaban de contento, y su cara de avecilla graciosa y vivaracha multiplicaba sus medios de expresión, moviéndose sin cesar. Mirándola, se creía ver un relampagueo de reflejos temblorosos, como los que produce la luz sobre la superficie del agua agitada. Aquella débil criatura, en la cual parecía que el alma estaba como prensada y constreñida dentro de un cuerpo miserable, se ensanchaba y crecía maravillosamente al hallarse sola con su amo y amigo. Junto a él tenía espontaneidad, agudeza, sensibilidad, gracia, donosura, fantasía. Al separarse, parece que se cerraban sobre ella las negras puertas de una prisión.

Constreñida: Encerrada.

Donosura: Donaire, gracia.

—Pues yo digo que iremos adonde tú quieras —observó el ciego—. Me gusta obedecerte. Si te parece bien, iremos al bosque que está más allá de Saldeoro. Esto, si te parece bien.

—Bueno, bueno, iremos al bosque —exclamó la Nela, batiendo palmas—. Pero como no hay prisa, nos sentaremos cuando estemos cansados.

—Y que no es poco agradable aquel sitio donde está la fuente, ¿sabes, Nela?, y donde hay unos troncos muy grandes, que parecen puestos allí para que nos sentemos nosotros, y donde se oyen cantar tantos, tantísimos pájaros, que es aquello la gloria.

—Pasaremos por donde está el molino de quien tú dices que habla mascullando las palabras como un borracho. ¡Ay, qué hermoso día y qué contenta estoy!

Mascullar: Hablar entre dientes o pronunciar mal las palabras.

—¿Brilla mucho el sol, Nela? Aunque me digas que sí, no lo entenderé, porque no sé lo que es brillar.

—Brilla mucho, sí, señorito mío. ¿Y a ti qué te importa eso? El sol es muy feo. No se le puede mirar a la cara.

—¿Por qué?

—Porque duele.

—¿Qué duele?

—La vista. ¿Qué sientes tú cuando estás alegre?

—¿Cuando estoy libre, contigo, solos los dos en el campo?

—Sí.

—Pues siento que me nace dentro del pecho una frescura, una suavidad dulce...

—¡Ahí te quiero ver! ¡Madre de Dios! Pues ya sabes cómo brilla el sol.

—¿Con frescura?

—No, tonto.

—Pues, ¿con qué?

—Con eso.

—Con eso... ¿Y qué es eso?

—Eso —afirmó nuevamente la Nela con acento de la más firme convicción.

—Ya veo que esas cosas no se pueden explicar. Antes me formaba yo idea del día y de la noche. ¿Cómo? Verás: era de día, cuando hablaba la gente; era de noche, cuando la gente callaba y cantaban los gallos. Ahora no hago las mismas comparaciones. Es de día, cuando estamos juntos tú y yo; es de noche, cuando nos separamos.

—¡Ay, divina Madre de Dios! —exclamó la Nela, echándose atrás las guedejas que le caían sobre la frente—. ¡A mí, que tengo ojos, me parece lo mismo!

Guedejas: Mechones de pelo.

—Voy a pedirle a mi padre que te deje vivir en mi casa, para que no te separes de mí.

—Bien, bien —dijo María, batiendo palmas otra vez.

Y diciéndolo, se adelantó saltando algunos pasos; y recogiendo con extrema gracia sus faldas, empezó a bailar.

—¿Qué haces, Nela?

—¡Ah, niño mío, estoy bailando! Mi contento es tan grande, que me han entrado ganas de bailar.

Pero fue preciso saltar una pequeña cerca, y la Nela ofreció su mano al ciego.

Después de pasar aquel obstáculo, siguieron por una calleja tapizada en sus dos rústicas paredes de lozanas hiedras y espinos. La Nela apartaba las ramas para que no picaran el rostro de su amigo, y al fin, después de bajar gran trecho, subieron una cuesta por entre frondosos castaños y nogales. Al llegar arriba, Pablo dijo a su compañera:

—Si no te parece mal, sentémonos aquí. Siento pasos de gente.

—Son los aldeanos que vuelven del mercado de Homedes. Hoy es miércoles. El camino real está delante de nosotros. Sentémonos aquí antes de entrar en el camino real.

—Es lo mejor que podemos hacer. *Choto,* ven aquí.

Los tres se sentaron.

—¡Si está esto lleno de flores!... —dijo la Nela—. ¡Madre, qué guapas!

—Cógeme un ramo. Aunque no las veo, me gusta tenerlas en mi mano. Se me figura que las oigo.

—Eso sí que es gracioso.

—Paréceme que teniéndolas en mi mano me dan a entender..., no puedo decirte cómo..., que son bonitas. Dentro de mí hay una cosa, no puedo decirte qué..., una cosa que responde a ellas. ¡Ay, Nela, se me figura que por dentro yo veo algo!

—¡Oh!, sí, lo entiendo...; como que todo lo tenemos dentro. El sol, las hierbas, la luna y el cielo grande y azul, lleno siempre de estrellas; todo, todo lo tenemos dentro; quiero decir que, además de las cosas divinas que hay fuera, nosotros llevamos otras dentro. Y nada más... Aquí tienes una flor, otra, otra, seis: todas son distintas. ¿A que no sabes tú lo que son las flores?

—Pues las flores —dijo el ciego, algo confuso, acercándolas a su rostro— son... unas como sonrisillas que echa la tierra... La verdad, no sé mucho del reino vegetal.

—¡Madre divinísima, qué poca ciencia! —exclamó María, acariciando las manos de su amigo—. Las flores son las estrellas de la tierra.

—Vaya un disparate. Y las estrellas, ¿qué son?

—Las estrellas son las miradas de los que se han ido al cielo.

—Entonces las flores...

—Son las miradas de los que se han muerto y no

han ido todavía al cielo —afirmó la Nela con la convicción y el aplomo de un doctor—. Los muertos son enterrados en la tierra. Como allá abajo no pueden estar sin echar una miradilla a la tierra, echan de sí una cosa que sube en forma y manera de flor. Cuando en un prado hay muchas flores, es porque allá... en tiempos atrás, enterraron en él muchos difuntos.

Aplomo: Serenidad, gravedad.

—No, no —replicó Pablo con seriedad—. No creas desatinos. Nuestra religión nos enseña que el espíritu se separa de la carne y que la vida mortal se acaba. Lo que se entierra, Nela, no es más que un despojo, un barro inservible que no puede pensar, ni sentir, ni tampoco ver.

Desatino: Disparate.

—Eso lo dirán los libros, que según dice la Señana, están llenos de mentiras.

—Eso lo dicen la fe y la razón, querida Nela. Tu imaginación te hace creer mil errores. Poco a poco yo los iré destruyendo, y tendrás ideas buenas sobre todas las cosas de este mundo y del otro.

—¡Ay, ay, con el doctorcillo de tres por un cuarto!... Ya..., ¡cuando has querido hacerme creer que el sol está quieto y que la tierra da vueltas a la redonda!... ¡Cómo se conoce que no lo ves! ¡Madre del Señor! Que me muera en este momento, si la tierra no se está más quieta que un peñón y el sol va corre que corre. Señorito mío, no se la eche de tan sabio, que yo he pasado muchas horas de noche y de día mirando al cielo, y sé cómo está gobernada toda esa máquina... La tierra está abajo, toda llena de islitas grandes y chicas. El sol sale por allá y se esconde por allí. Es el palacio de Dios.

—¡Qué tonta!

—¿Y por qué no ha de ser así? ¡Ay! Tú no has visto el cielo en un día claro; hijito, parece que llueven bendiciones... Yo no creo que pueda haber malos, no, no los puede haber, si vuelven la cara hacia arriba y ven aquel ojazo que nos está mirando.

—Tu religiosidad, Nelilla, está llena de supersticiones. Yo te enseñaré ideas mejores.

—No me han enseñado nada —dijo María con inocencia—; pero yo, cavila que cavilarás, he ido sacando de mi cabeza muchas cosas que me consuelan, y así, cuando me ocurre una buena idea, digo: «Esto debe de ser así, y no de otra manera». Por las noches, cuando me voy sola a mi casa, voy pensando en lo que será de nosotros cuando nos muramos, y en lo mucho que nos quiere a todos la Virgen Santísima.

Cavilar: Meditar.

—Nuestra Madre amorosa.

—¡Nuestra Madre querida![1] Yo miro al cielo, y la siento encima de mí, como cuando nos acercamos a una persona y sentimos el calorcillo de su respiración. Ella nos mira de noche y de día por medio de..., no te rías..., por medio de todas las cosas hermosas que hay en el mundo.

—¿Y esas cosas hermosas...?

—Son sus ojos, tonto. Bien lo comprenderías si tuvieras los tuyos. Quién no ha visto una nube blanca, un árbol, una flor, el agua corriendo, un niño, el rocío, un corderito, la luna paseándose tan maja por los cielos, y las estrellas, que son las miradas de los buenos que se han muerto...

—Mal podrán ir allá arriba si se quedan debajo de tierra echando flores.

—¡Miren el sabihondo! Abajo se están mientras se van limpiando de pecados, que después suben volando arriba. La Virgen les espera. Sí, créelo, tonto. Las estrellas, ¿qué pueden ser sino las almas de los que ya están salvos? ¿Y no sabes tú que las estrellas bajan? Pues yo, yo misma las he visto caer así, así, haciendo una raya. Sí, señor; las estrellas bajan cuando tienen que decirnos alguna cosa.

Sabihondo: Listillo, pedante.

—¡Ay, Nela! —exclamó Pablo vivamente—. Tus disparates, con serlo tan grandes, me cautivan y embele-

Embelesar: Encantar.

[1] El anticlericalismo de las primeras novelas de Galdós cede ahora ante la sincera admiración por la religiosidad sencilla, espontánea e inocente de las gentes humildes, como Marianela aquí, convencida de que la Virgen está pendiente de ella y la mira a través de las cosas bellas del mundo.

san, porque revelan el candor de tu alma y la fuerza de tu fantasía. Todos esos errores responden a una disposición muy grande para conocer la verdad, a una poderosa facultad tuya, que sería primorosa si estuviera auxiliada por la razón y la educación... Es preciso que tú adquieras un don precioso de que yo estoy privado; es preciso que aprendas a leer.

—¡A leer!... ¿Y quién me ha de enseñar?

—Mi padre. Yo le rogaré a mi padre que te enseñe. Ya sabes que él no me niega nada. ¡Qué lástima tan grande que vivas así! Tu alma está llena de preciosos tesoros. Tienes bondad sin igual y fantasía seductora. De todo lo que Dios tiene en su esencia absoluta, te dio a ti parte muy grande. Bien lo conozco; no veo lo de fuera, pero veo lo de dentro, y todas las maravillas de tu alma se me han revelado desde que eres mi lazarillo... ¡Hace año y medio! Parece que fue ayer cuando empezaron nuestros paseos... No, hace miles de años que te conozco. ¡Porque hay una relación tan grande entre lo que tú sientes y lo que yo siento!... Has dicho ahora mil disparates, y yo, que conozco algo de la verdad acerca del mundo y de la religión, me he sentido conmovido y entusiasmado al oírte. Se me antoja que hablas dentro de mí.

—¡Madre de Dios! —exclamó la Nela, cruzando las manos—. ¿Tendrá eso algo que ver con lo que yo siento?

—¿Qué?

—Que estoy en el mundo para ser tu lazarillo, y que mis ojos no servirían para nada si no sirvieran para guiarte y decirte cómo son todas las hermosuras de la tierra.

El ciego irguió su cuello repentina y vivísimamente, y extendiendo sus manos hasta tocar el cuerpecillo de su amiga, exclamó con afán:

—Dime, Nela, ¿y cómo eres tú?

La Nela no dijo nada. Había recibido una puñalada.[2]

[2] Otro ejemplo de cómo el autor mediante una serie de anticipaciones parciales va preparando el momento cumbre de la novela: cuando el ciego puede ver a Nela.

7

Más tonterías

HABÍAN DESCANSADO. Siguieron adelante, hasta llegar a la entrada del bosque que hay más allá de Saldeoro. Detuviéronse entre un grupo de viejos nogales, cuyos troncos y raíces formaban en el suelo una serie de escalones, con musgosos huecos y recortes tan apropiados para sentarse, que el arte no los hiciera mejor. Desde lo alto del bosque corría un hilo de agua, saltando de piedra en piedra, hasta dar con su fatigado cuerpo en un estanquillo que servía de depósito para alimentar el chorro de que se abastecían los vecinos. Enfrente, el suelo se deprimía poco a poco, ofreciendo grandioso panorama de verdes colinas pobladas de bosques y caseríos, de praderas llanas donde pastaban con tranquilidad vagabunda centenares de reses. En el último término, dos lejanos y orgullosos cerros, que eran límite de la tierra, dejaban ver en un largo segmento el azul purísimo del mar. Era un paisaje cuya contemplación revelaba al alma sus excelsas relaciones con lo infinito.

Sentose Pablo en el tronco de un nogal, apoyando su brazo izquierdo en el borde del estanque. Alzaba la derecha mano para coger las ramas que descendían hasta tocar su frente, por la cual pasaba a ratos, con el mover de las hojas, un rayo de sol.

—¿Qué haces, Nela? —dijo el muchacho después de una pausa, no sintiendo ni los pasos, ni la voz, ni la respiración de su compañera—. ¿Qué haces? ¿Dónde estás?

—Aquí —replicó la Nela, tocándole el hombro—. Estaba mirando el mar.

—¡Ah! ¿Está muy lejos?

—Allá se ve por los cerros de Ficóbriga.

—Grande, grandísimo, tan grande, que se estará mirando todo un día sin acabarlo de ver; ¿no es eso?

—No se ve sino un pedazo como el que coges dentro de la boca cuando le pegas una mordida a un pan.

—Ya, ya comprendo. Todos dicen que ninguna hermosura iguala a la del mar, por causa de la sencillez que hay en él... Oye, Nela, lo que voy a decirte... ¿Pero qué haces?

La Nela, agarrando con ambas manos la rama del nogal, se suspendía y balanceaba graciosamente.

—Aquí estoy, señorito mío. Estaba pensando que por qué no nos daría Dios a nosotras las personas alas para volar como los pájaros. ¡Qué cosa más bonita que hacer *zas*, y remontarnos y ponernos de un vuelo en aquel pico que está allá entre Ficóbriga y el mar!...

—Si Dios no nos ha dado alas, en cambio nos ha dado el pensamiento, que vuela más que todos los pájaros, porque llega hasta el mismo Dios... Dime tú, ¿para qué querría yo alas de pájaro, si Dios me hubiera negado el pensamiento?

—Pues a mí me gustaría tener las dos cosas. Y si tuviera alas, te cogería en mi piquito para llevarte por esos mundos y subirte a lo más alto de las nubes.

El ciego alargó su mano hasta tocar la cabeza de la Nela.

—Siéntate junto a mí. ¿No estás cansada?

—Un poquitín —replicó ella, sentándose y apoyando su cabeza con infantil confianza en el hombro de su amo.

—Respiras fuerte, Nelilla; tú estás muy cansada. Es de tanto volar... Pues lo que te iba a decir es esto: hablando del mar me hiciste recordar una cosa que mi padre me leyó anoche. Ya sabes que, desde la edad en que tuve uso de razón, acostumbra mi padre leerme todas las noches distintos libros de ciencias y de historia, de artes y de entretenimiento. Esas lecturas y estos paseos se puede decir que son mi vida toda. Diome el Señor, para compensarme de la ceguera, una memoria feliz, y gracias a ella he sacado algún provecho de las lecturas; pues aunque estas han sido sin método, yo, al fin y al cabo, he logrado poner algún orden en las ideas que iban entrando en mi entendimiento. ¡Qué delicias tan grandes las mías al entender el orden admirable del Universo, el concertado rodar de los astros, el giro de los átomos pequeñitos, y después las leyes, más admirables aún, que gobiernan nuestra alma! También me ha recreado mucho la historia, que es un cuento verdadero de todo lo que los hombres han hecho antes de ahora, resultando, hija mía, que siempre han hecho las mismas maldades y las mismas tonterías, aunque no han cesado de mejorarse, acercándose todo lo posible, mas sin llegar nunca, a las perfecciones que solo posee Dios. Por último, me ha leído mi padre cosas sutiles y un poco hondas para ser penetradas de pronto; pero que suspenden y enamoran cuando se medita en ellas. Es lectura que a él no le agrada, por no comprenderla, y que a mí me ha cansado también unas veces, deleitándome otras. Pero no hay duda que, cuando se da con un autor que sepa hablar con claridad, esas materias son preciosas. Contienen ideas sobre las causas y los efectos, sobre la razón de todo lo que pensamos y el modo como lo pensamos, y enseñan la esencia de todas las cosas.

Átomo: Partícula mínima.

La Nela parecía no comprender ni una palabra de lo que su amigo decía; pero atendía profundamente, abriendo la boca. Para apoderarse de aquellas esencias y causas de que su amo le hablaba, abría el pico como el pájaro que acecha el vuelo de la mosca que quiere cazar.

—Pues bien —añadió él—, anoche leyó mi padre unas páginas sobre la belleza. Hablaba el autor de la belleza, y decía que era el resplandor de la bondad y de la verdad, con otros muchos conceptos ingeniosos y tan bien traídos y pensados, que daba gusto oírlos.

—Ese libro —dijo la Nela, queriendo demostrar suficiencia— no será como uno que tiene padre Centeno, que llaman... *Las mil y no sé cuántas noches.*[1]

—No es eso, tontuela; habla de la belleza en absoluto...; ¿no entenderás esto de la belleza ideal?... tampoco lo entiendes..., porque has de saber que hay una belleza que no se ve ni se toca, ni se percibe con ningún sentido.

—Como, por ejemplo, la Virgen María —interrumpió la Nela—, a quien no vemos ni tocamos, porque las imágenes no son ella misma, sino su retrato.

—Estás en lo cierto: así es. Pensando en esto, mi padre cerró el libro, y él decía una cosa y yo otra. Hablamos de la forma, y mi padre me dijo: «Desgraciadamente, tú no puedes comprenderla». Yo sostuve que sí; dije que no había más que una sola belleza, y que esa había de servir para todo.

La Nela, poco atenta a cosas tan sutiles, había cogido de las manos de su amigo las flores, y combinaba sus risueños colores.

—Yo tenía una idea sobre esto —añadió el ciego con mucha energía—, una idea con la cual estoy encariñado desde hace algunos meses. Sí, lo sostengo, lo sostengo... No, no me hacen falta los ojos para esto. Yo le dije a mi padre: «Concibo un tipo de belleza encantadora, un tipo que contiene todas las bellezas posibles; ese tipo es la Nela». Mi padre se echó a reír y me dijo que sí.

La Nela se puso como amapola, y no supo responder nada. Durante un breve instante de terror y ansiedad, creyó que el ciego la estaba *mirando.*

—Sí, tú eres la belleza más acabada que puede imaginarse —añadió Pablo con calor—. ¿Cómo podría su-

[1] Alusión al conocidísimo libro *Las mil y una noches*, colección de cuentos orientales que tuvieron enorme influencia en las literaturas de Occidente.

ceder que tu bondad, tu inocencia, tu candor, tu gracia, tu imaginación, tu alma celestial y cariñosa, que ha sido capaz de alegrar mis tristes días; cómo podría suceder, cómo, que no estuviese representada en la misma hermosura?... Nela, Nela —añadió, balbuciente y con afán—. ¿No es verdad que eres muy bonita?

La Nela calló. Instintivamente se había llevado las manos a la cabeza, enredando entre sus cabellos las florecitas medio ajadas que había cogido antes en la pradera.

—¿No respondes?... Es verdad que eres modesta. Si no lo fueras, no serías tan repreciosa como eres. Faltaría la lógica de las bellezas, y eso no puede ser. ¿No respondes?...

—Yo... —murmuró la Nela con timidez, sin dejar de la mano su tocado—, no sé...; dicen que cuando niña era muy bonita... ahora...

—Y ahora también.

María, en su extraordinaria confusión, pudo hablar así:

—Ahora..., ya sabes tú que las personas dicen muchas tonterías..., se equivocan también...; a veces, el que tiene más ojos ve menos.

—¡Oh! ¡Qué bien dicho! Ven acá: dame un abrazo.

La Nela no pudo acudir pronto, porque habiendo conseguido sostener entre sus cabellos una como guirnalda de florecillas, sintió vivos deseos de observar el efecto de aquel atavío en el claro cristal del agua. Por primera vez desde que vivía se sintió presumida. Apoyándose en sus manos, asomose al estanque.

Atavío: Adorno.

—¿Qué haces, Mariquilla?

—Me estoy mirando en el agua, que es como un espejo —replicó con la mayor inocencia, delatando su presunción.

—Tú no necesitas mirarte. Eres hermosa como los ángeles que rodean el trono de Dios.

El alma del ciego llenábase de entusiasmo y fervor.

—El agua se ha puesto a temblar —dijo la Nela—, y no me veo bien, señorito. Ella tiembla como yo. Ya está más tranquila, ya no se mueve... Me estoy mirando... ahora.

—¡Qué linda eres! Ven acá, niña mía —añadió el ciego, extendiendo sus brazos.

—¡Linda yo! —dijo ella, llena de confusión y ansiedad—. Pues esa que veo en el estanque no es tan fea como dicen. Es que hay también muchos que no saben ver.

—Sí, muchos.

—¡Si yo me vistiese como se visten otras...! —exclamó la Nela con orgullo.

—Te vestirás.

—¿Y ese libro dice que yo soy bonita? —preguntó la Nela, apelando a todos los recursos de convicción.

—Lo digo yo, que poseo una verdad inmutable —exclamó el ciego, llevado de su ardiente fantasía.

—Puede ser —observó la Nela, apartándose de su espejo pensativa y no muy satisfecha —que los hombres sean muy brutos y no comprendan las cosas como son.

—La Humanidad está sujeta a mil errores.

—Así lo creo —dijo Mariquilla, recibiendo gran consuelo con las palabras de su amigo—. ¿Por qué han de reírse de mí?

—¡Oh, miserable condición de los hombres! —exclamó el ciego arrastrado al absurdo por su delirante entendimiento—. El don de la vista puede causar grandes extravíos..., aparta a los hombres de la posesión de la verdad absoluta..., y la verdad absoluta dice que tú eres hermosa, hermosa sin tacha ni sombra alguna de fealdad. Que me digan lo contrario, y les desmentiré... Váyanse ellos a paseo con sus formas. No..., la forma no puede ser la máscara de Satanás puesta ante la faz de Dios. ¡Ah!, ¡menguados! ¡A cuántos desvaríos os conducen vuestros ojos! Nela, Nela, ven acá, quiero tenerte junto a mí y abrazar tu preciosa cabeza.

Menguado: Tonto, miserable, mezquino.

María corrió a arrojarse en los brazos de su amigo.

—Chiquilla bonita —exclamó este, estrechándola de un modo delirante contra su pecho—, ¡te quiero con toda mi alma!

La Nela no dijo nada. En su corazón, lleno de casta ternura, se desbordaban los sentimientos más hermosos. El joven, palpitante y conturbado, la abrazó más fuerte, diciéndole al oído:

Conturbado: Revuelto, intranquilo.

—Te quiero más que a mi vida. Ángel de Dios, quiéreme o me muero.[2]

María se soltó de los brazos de Pablo, y este cayó en profunda meditación. A la fenomenal mujer, una fuerza poderosa, irresistible, la impulsaba a mirarse en el espejo del agua. Deslizándose suavemente llegó al borde, y vio allá sobre el fondo verdoso su imagen mezquina, con los ojuelos negros, la tez pecosa, la naricilla picuda, aunque no sin gracia; el cabello escaso y la movible fisonomía de pájaro. Alargó su cuerpo sobre el agua para verse el busto, y lo halló deplorablemente desairado. Las flores que tenía en la cabeza se cayeron al agua, haciendo temblar la superficie, y con la superficie, la imagen. La hija de la Canela sintió como si arrancaran su corazón de raíz, y cayó hacia atrás murmurando:

Desairado: Que carece de garbo y donaire.

—¡Madre de Dios, qué feísima soy![3]

—¿Qué dices, Nela? Me parece que he oído tu voz.

—No decía nada, niño mío... Estaba pensando... sí, pensaba que ya es hora de volver a tu casa. Pronto será hora de comer.

—Sí, vamos, comerás conmigo, y esta tarde saldremos otra vez. Dame la mano, no quiero que te separes de mí.

Cuando llegaron a la casa, don Francisco Penáguilas estaba en el patio, acompañado de dos caballeros. Marianela reconoció al ingeniero de las minas y al in-

[2] Obsérvese aquí el talante idealista y apasionado de Pablo, cuyas reiteradas manifestaciones de amor —en ocasiones no muy alejadas de la cursilería— contrastan con la naturalidad de Marianela; sobre todo en el momento en que, líneas más adelante, reconoce su condición con estas palabras «¡Madre de Dios, qué feísima soy!».

[3] Semejante concepto de sí misma y similar expresión emplea para autodefinirse Abelarda, hija de don Ramón Villaamil, el protagonista de *Miau:* «¡Qué fea soy, Dios mío, qué poco valgo!» (cap. 18).

dividuo que se había extraviado en la Terrible la noche anterior.

—Aquí están —dijo— el señor ingeniero y su hermano, el caballero de anoche.

Miraban los tres hombres con visible interés al ciego, que se acercaba.

—Hace un rato que te estamos esperando, hijo mío —dijo el padre, tomando a su hijo de la mano y presentándole al doctor.

—Entremos —dijo el ingeniero.

—¡Benditos sean los hombres sabios y caritativos! —exclamó el padre, mirando a Teodoro—. Pasen ustedes, señores. Que sea bendito el instante en que ustedes entran en mi casa.

—Veamos este caso —murmuró Golfín.

Cuando Pablo y los dos hermanos entraron, don Francisco se volvió hacia Mariquilla, que se había quedado en medio del patio inmóvil y asombrada, y le dijo con bondad:

—Mira, Nela: más vale que te vayas. Mi hijo no puede salir esta tarde.

Y luego, como viese que no se marchaba, añadió:

—Puedes pasar a la cocina. Dorotea te dará alguna chuchería.

8

Prosiguen las tonterías[1]

AL DÍA SIGUIENTE, PABLO Y SU GUÍA salieron de la casa a la misma hora del anterior; mas como estaba encapotado el cielo y soplaba un airecillo molesto que amenazaba convertirse en vendaval, decidieron que su paseo no fuera largo. Atravesando el prado comunal de Aldeacorba, siguieron el gran talud de las minas por Poniente con intención de bajar a las excavaciones.

Talud: Inclinación del terreno.

—Nela, tengo que hablarte de una cosa que te hará saltar de alegría —dijo el ciego cuando estuvieron lejos de la casa—. ¡Nela, yo siento en mi corazón un alborozo...! Me parece que el Universo, las ciencias todas, la historia, la filosofía, la naturaleza, todo eso que he aprendido, se me ha metido dentro y se está paseando por mí..., es como una procesión. Ya viste aquellos caballeros que me esperaban ayer...

Alborozo: Alegría.

—Don Carlos y su hermano, el que encontramos anoche.

—El cual es un famoso sabio que ha corrido por toda la América, haciendo maravillosas curas... Ha venido a visitar a su hermano... Como don Carlos es tan buen amigo de mi padre, le ha rogado que me examine... ¡Qué cariñoso y qué bueno es! Primero estuvo hablando conmigo: preguntome varias cosas, y me contó

[1] Los títulos de estos tres últimos capítulos protagonizados por los dos jóvenes («Tonterías», «Más tonterías», «Prosiguen las tonterías») revelan el intento por parte del narrador de quitar dramatismo a las relaciones entre Nela y Pablo, al tiempo que ratifican a través de la ironía su total control sobre la materia novelesca.

otras muy chuscas y divertidas. Después díjome que me estuviese quieto: sentí sus dedos en mis párpados...; al cabo de un gran rato dijo unas palabras que no entendí: eran palabras de medicina. Mi padre no me ha leído nunca nada de medicina. Acercáronme después a una ventana. Mientras me observaba con no sé qué instrumento, ¡había en la sala un silencio...! El doctor dijo después a mi padre: «Lo intentaremos». Decían otras cosas en voz muy baja para que no pudiera yo entenderlas, y creo que también hablaban por señas. Cuando se retiraron, mi padre me dijo: «Hijo de mi alma, no puedo ocultarte la alegría que hay dentro de mí. Ese hombre, ese ángel de Dios, me ha dado esperanza, muy poca esperanza; pero la esperanza parece que se agarra más cuando más chica es. Quiero echarla de mí diciéndome que es imposible, no, no, casi imposible, y ella..., pegada como una lapa». Así me habló mi padre. Por su voz conocí que lloraba... ¿Qué haces, Nela, estás bailando?

—No, estoy aquí, a tu lado.

—Como otras veces te pones a bailar desde que te digo una cosa alegre... ¿Pero hacia dónde vamos hoy?

—El día está feo. Vámonos hacia la Trascava, que es sitio abrigado, y después bajaremos al Barco y a la Terrible.

—Bien, como tú quieras... ¡Ay, Nela, compañera mía, si fuese verdad, si Dios quisiera tener piedad de mí y me concediera el placer de verte...! Aunque solo durara un día mi vista, aunque volviera a cegar al siguiente, ¡cuánto se lo agradecería!

La Nela no decía nada. Después de mostrar exaltada alegría, meditaba con los ojos fijos en el suelo.

Se ven en el mundo cosas muy extrañas —añadió Pablo—, y la misericordia de Dios tiene así... ciertos exabruptos, lo mismo que los tiene su cólera. Vienen de improviso, después de largos tormentos y castigos, lo mismo que aparece la ira después de felicidades que parecían seguras y eternas, ¿no te parece?

Exabrupto: Salida de tono.

—Sí, lo que tú esperas será —dijo la Nela con aplomo.

—¿Por qué lo sabes?

—Me lo dice mi corazón.

—¡Te lo dice tu corazón! ¿Y por qué no han de ser ciertos estos avisos? —manifestó Pablo con ardor—. Sí, las almas escogidas pueden en casos dados presentir un suceso. Yo lo he observado en mí, pues como el ver no me distrae del examen de mí mismo, he notado que mi espíritu me susurraba cosas incomprensibles. Después ha venido un acontecimiento cualquiera, y he dicho con asombro: «Yo sabía algo de esto».

—A mí me sucede lo mismo —repuso la Nela—. Ayer me dijiste tú que me querías mucho. Cuando fui a mi casa, iba diciendo para mí: «Es cosa rara, pero yo sabía algo de esto».

—Es maravilloso, chiquilla mía, cómo están acordadas nuestras almas. Unidas por la voluntad, no les falta más que un lazo. Ese lazo lo tendrán si yo adquiero el precioso sentido que me falta. La idea de ver no se determina en mi pensamiento, si antes no acaricio en él la idea de quererte más. La adquisición de este sentido no significa para mí otra cosa más que el don de admirar de un modo nuevo lo que ya me causa tanta admiración como amor... Pero se me figura que estás triste hoy.

—Sí que lo estoy..., y si he de decirte la verdad, no sé por qué... Estoy muy alegre y muy triste; las dos cosas a un tiempo.. Hoy está tan feo el día... Valiera más que no hubiese día, y que fuera noche siempre.

—No, no; déjalo como está. Noche y día, si Dios quiere que yo sepa al fin diferenciaros, ¡cuán feliz seré!... ¿Por qué nos detenemos?

—Estamos en un lugar peligroso. Apartémonos a un lado para tomar la vereda.

—¡Ah!, la Trascava. Este césped resbaladizo va bajando hasta perderse en la gruta. Él que cae en ella no puede volver a salir. Apartémonos, Nela; no me gusta este sitio.

—Tonto, de aquí a la entrada de la cueva hay mucho que andar. ¡Y qué bonita está hoy!

La Nela, deteniéndose y deteniendo a su compañero por el brazo, observaba la boca de la sima, que se abría en el terreno en forma parecida a la de un embudo. Finísimo césped cubría las vertientes de aquel pequeño cráter cóncavo y profundo. En lo más hondo, una gran peña oblonga se extendía sobre el césped entre malezas, hinojos, zarzas, juncos y cantidad inmensa de pintadas florecillas. Parecía una gran lengua. Junto a ella se adivinaba, más bien que se veía, un hueco, un tragadero oculto por espesas hierbas, como las que tuvo que cortar don Quijote cuando se descolgó dentro de la cueva de Montesinos.[2]

Sima: Cavidad grande y muy profunda en la tierra.

Oblonga: Más larga que ancha.

Hinojo: Planta aromática que se emplea como condimento.

La Nela no se cansaba de mirar.

—¿Por qué dices que está bonita esa horrenda Trascava? —le preguntó su amigo.

—Porque hay en ella muchas flores. La semana pasada estaban todas secas; pero han vuelto a nacer, y está aquello que da gozo verlo. ¡Madre de Dios! Hay muchos pájaros posados allí y muchísimas mariposas que están cogiendo miel en las flores... *Choto, Choto,* ven aquí no espantes a los pobres pajaritos.

El perro, que había bajado, volvió gozoso llamado por la Nela, y la pacífica república de pajarillos volvió a tomar posesión de sus estados.

—A mí me causa horror este sitio —dijo Pablo, tomando del brazo a la muchacha—. Y ahora, ¿vamos hacia las minas? Sí, ya conozco este camino. Estoy en mi terreno. Por aquí vamos derechos al Barco... *Choto,* anda delante; no te enredes en mis piernas.

Descendían por una vereda escalonada.

Pronto llegaron a la concavidad formada por la explotación minera. Dejando la verde zona vegetal, habían entrado bruscamente en la zona geológica, zanja enor-

[2] Cueva localizada en la provincia de Albacete, donde Cervantes situó una de las más famosas aventuras del *Quijote* (II,22).

me, cuyas paredes, labradas por el barreno y el pico, mostraban una interesante estratificación, cuyas diversas capas ofrecían en el corte los más variados tonos y los materiales más diversos. Era aquel el sitio que a Teodoro Golfín le había parecido el interior de un gran buque náufrago, comido de las olas, y su nombre vulgar justificaba esta semejanza. Pero de día se admiraban principalmente las superpuestas cortezas de la estratificación, con sus vetas sulfurosas y carbonatadas; sus sedimentos negros, sus lignitos, donde yace el negro azabache; sus capas de tierra ferruginosa, que parece amasada con sangre; sus grandes y regulares láminas de roca, quebradas en mil puntos por el arte humano, y erizadas de picos, cortaduras y desgarrones. Era aquello como una herida abierta en el tejido orgánico y vista con microscopio. El arroyo de aguas saturadas de óxido de hierro, que corría por el centro, parecía un chorro de sangre.

Barreno: Agujero para meter el explosivo en las minas.

Estratificación: Disposición en capas o láminas superpuestas.

Lignito: Carbón de piedra de formación más reciente que la hulla, en el cual aún se distingue la textura de la madera.

—¿En dónde está nuestro asiento? —preguntó el señorito de Penáguilas—. Vamos a él. Allí no nos molestará el aire.

Desde el fondo de la gran zanja subieron un poco por escabroso sendero, abierto entre rotas piedras, tierra y matas de hinojo, y se sentaron a la sombra de enorme peña agrietada, que presentaba en su centro una gran hendija. Más bien eran dos peñas, pegada la una a la otra, con irregulares bordes, como dos gastadas mandíbulas que se esfuerzan en morder.

Hendija: Rendija.

—¡Qué bien se está aquí! —dijo Pablo—. A veces suele salir una corriente de aire por esa gruta; pero hoy no siento nada. Lo que se siente es el gorgoteo del agua allá dentro, en las entrañas de la Trascava.

—Calladita está hoy —observó la Nela—. ¿Quieres echarte?

—Pues mira que has tenido una buena idea. Anoche no he dormido pensando en lo que mi padre me dijo, en el médico, en mis ojos... Toda la noche estuve sintiendo una mano que entraba en mis ojos y abría en ellos una puerta cerrada y mohosa.

Diciendo esto, sentose sobre la piedra, poniendo su cabeza sobre el regazo de la Nela.

—Aquella puerta —prosiguió—, que estaba allá en lo más íntimo de mi sentido, abriose, como te he dicho, dando paso a una estancia donde estaba encerrada la idea que me persigue. ¡Ay, Nela de mi corazón, chiquilla idolatrada, si Dios quisiera darme ese don que me falta!... Con él me creería el más feliz de los hombres, yo, que casi lo soy ya solo con tenerte por amiga y compañera de mi vida. Para que los dos seamos uno solo, me falta muy poco: solo me falta verte y recrearme en tu belleza, con ese placer de la vista que no puedo comprender aún, pero que concibo de una manera vaga. Tengo la curiosidad del espíritu, pero la de los ojos me falta. Supóngola como una nueva manera del amor que te tengo. Yo estoy lleno de tu belleza, pero hay algo en ella que no me pertenece todavía.

—¿No oyes? —dijo la Nela de improviso, demostrando interés por cosa muy distinta de lo que su amigo decía.

—¿Qué?

—Aquí dentro... ¡La Trascava!... está hablando.

—¡Supersticiosa! El agua no habla, querida Nela. ¿Qué lenguaje ha de saber un chorro de agua? Solo hay dos cosas que hablan, chiquilla mía; esas dos cosas son la lengua y la conciencia.

—Y la Trascava —observó la Nela, palideciendo— es un murmullo, un sí, sí, sí... A ratos oigo la voz de mi madre, que dice clarito: «Hija mía, ¡qué bien se está aquí!».

—Es tu imaginación. También la imaginación habla; me olvidé de decirlo. La mía a veces se pone tan parlanchina, que tengo que mandarla callar. Su voz es chillona, atropellada, inaguantable; así como la de la conciencia es grave, reposada, convincente, y lo que dice no tiene refutación.

Refutación: Acción de refutar o contradecir.

—Ahora parece que llora... Se va poquito a poco perdiendo la voz —dijo la Nela, atenta a lo que oía.

De pronto salió por la gruta una ligera ráfaga de aire.

—¿No has notado que ha echado un gran suspiro?... Ahora se vuelve a oír la voz; habla bajo, y me dice al oído muy bajito, muy bajito...

—¿Qué te dice?

—Nada —replicó bruscamente María, después de una pausa—. Tú dices que son tonterías. Tendrás razón.

—Ya te quitaré yo de la cabeza esos pensamientos absurdos —dijo el ciego tomándole la mano—. Hemos de vivir juntos toda la vida. ¡Oh, Dios mío! Si no he de adquirir la facultad de que me privaste al nacer, ¿para qué me has dado esperanzas? Infeliz de mí si no nazco de nuevo en manos del doctor Golfín. Porque esto será nacer otra vez. ¡Y qué nacimiento! ¡Qué nueva vida! Chiquilla mía, juro por la idea de Dios que tengo dentro de mí, clara, patente e inmutable, que tú y yo no nos separaremos jamás por mi voluntad. Yo tendré ojos, Nela, tendré ojos para poder recrearme en tu celestial hermosura, y entonces me casaré contigo. Serás mi esposa querida..., serás la vida de mi vida, el recreo y el orgullo de mi alma. ¿No dices nada a esto?

La Nela oprimió contra sí la hermosa cabeza del joven. Quiso hablar, pero su emoción no se lo permitía.

—Y si Dios no quiere otorgarme ese don —añadió el ciego—, tampoco te separarás de mí, también serás mi mujer, a no ser que te repugne enlazarte con un ciego. No, no, chiquilla mía, no quiero imponerte un yugo tan penoso. Encontrarás hombres de mérito que te amarán y que podrán hacerte feliz. Tu extraordinaria bondad, tus nobles prendas, tu seductora belleza, que ha de cautivar los corazones y encender el más puro amor en cuantos te traten, asegúrate un porvenir risueño. Yo te juro que te querré mientras viva, ciego o con vista, y que estoy dispuesto a jurarte delante de Dios un amor grande, insaciable, eterno. ¿No me dices nada?

Yugo: Carga pesada, prisión o atadura.

—Sí; que te quiero mucho, muchísimo —dijo la Nela, acercando su rostro al de su amigo—. Pero no te afanes por verme. Quizás no sea yo tan guapa como tú crees.

Diciendo esto, la Nela había rebuscado en su faltriquera y sacado un pedazo de cristal azogado, resto inútil y borroso de un fementido espejo que se rompiera en casa de la Señana la semana anterior. Mirose en él; mas por causa de la pequeñez del vidrio, érale forzoso mirarse por partes, sucesiva y gradualmente, primero un ojo, después la frente. Alejándolo, pudo abarcar la mitad del conjunto. ¡Ay! ¡Cuán triste fue el resultado de sus investigaciones! Guardó el espejillo, y gruesas lágrimas brotaron de sus ojos.

Faltriquera: Bolsillo.
Azogado: Que refleja la imagen.
Fementido: Falso.

—Nela, sobre mi frente ha caído una gota. ¿Acaso llueve?

Sí, niño mío, parece que llueve —dijo la Nela sollozando.

—No, es que lloras. Pues has de saber que me lo decía el corazón. Tú eres la misma bondad; tu alma y la mía están unidas por un lazo misterioso y divino; no se pueden separar, ¿verdad? Son dos partes de una misma cosa, ¿verdad?

—Verdad.

—Tus lágrimas me responden más claramente que cuanto pudieras decir. ¿No es verdad que me querrás mucho, lo mismo si me dan vista que si continúo privado de ella?

—Lo mismo, sí, lo mismo —dijo la Nela con vehemencia y turbación.

—¿Y me acompañarás?...

—Siempre, siempre.

—Oye tú —exclamó el ciego con amoroso arranque—, si me dan a escoger entre no ver y perderte, prefiero...

—Prefieres no ver... ¡Oh! ¡Madre de Dios divino, qué alegría tengo dentro mí!

—Prefiero no ver con los ojos tu hermosura, porque yo la veo dentro de mí clara como la verdad que proclamo interiormente. Aquí dentro estás, y tu persona me seduce y enamora más que todas las cosas.

—Sí, sí, sí —exclamó la Nela con desvarío—; yo soy hermosa, soy muy hermosa.[3]

Desvarío: Delirio, locura.

—Oye tú —exclamó el ciego con amoroso arranque—; tengo un presentimiento... sí, un presentimiento. Dentro de mí parece que está Dios hablándome y diciéndome que tendré ojos, que te veré, que seremos felices... ¿No sientes tú lo mismo?

—Yo... El corazón me dice que me verás...; pero me lo dice partiéndoseme.

—Veré tu hermosura, ¡qué felicidad! —exclamó el ciego con la expresión delirante, que era propia de él en ciertos momentos . Pero si ya la veo; si la veo dentro de mí, clara como la verdad que proclamo y que me llena todo...

—Sí, sí, sí... —repitió la Nela con desvarío, espantados los ojos, trémulos los labios—. Yo soy hermosa, soy muy hermosa.[3]

Trémulo: Tembloroso.

—Bendita seas tú...

—¡Y tú! añadió ella, besándole en la frente—. ¿Tienes sueño?

—Sí, principio a tener sueño. No he dormido anoche. Estoy tan bien aquí...

—Duerme, niño...

Principió a cantar como se canta a los niños para que se duerman. Poco después Pablo dormía. La Nela oyó de nuevo la voz de la Trascava, diciéndole:

—Hija mía..., aquí, aquí.

[3] Es preciso subrayar la habilidad con la que Galdós va introduciendo paulatinamente el tema de la fealdad de Nela, esencial en el desenlace de la acción narrativa.

9

Los Golfines

TEODORO GOLFÍN NO SE ABURRÍA EN SOCARTES. El primer día después de su llegada pasó largas horas en el laboratorio con su hermano, y en los siguientes recorrió de un cabo a otro las minas, examinando y admirando las distintas cosas que allí había, que ya pasmaban por la grandeza de las fuerzas naturales, ya por el poder y brío del arte de los hombres. Por las noches, cuando todo callaba en el industrioso Socartes, quedando solo en actividad los bullidores hornos, el buen doctor, que era muy entusiasta músico, se deleitaba oyendo tocar el piano a su cuñada Sofía, esposa de Carlos Golfín y madre de varios chiquillos que se habían muerto.

Brío: Pujanza, fuerza.

Industrioso: Que se dedica con ahínco al trabajo.

Los dos hermanos se profesaban el más vivo cariño. Nacidos en la clase más humilde, habían luchado solos en edad temprana por salir de la ignorancia y de la pobreza, viéndose a punto de sucumbir diferentes veces; mas tanto pudo en ellos el impulso de una voluntad heroica, que, al fin, llegaron jadeantes a la ansiada orilla, dejando atrás las turbias olas en que se agita en constante estado de naufragio el grosero vulgo.

Vulgo: Gente común y humilde.

Teodoro, que era el mayor, fue médico antes que Carlos fuese ingeniero. Ayudó a este con todas sus fuerzas mientras el joven lo necesitara, y cuando le vio en camino, tomó el que anhelaba su corazón aventurero, yéndose a América. Allá trabajó juntamente con otros afamados médicos europeos, adquiriendo bien pronto fama y dinero. Hizo un viaje a España, tornó al Nuevo Mundo, vino más tarde, para regresar al poco tiempo. En cada una de estas excursiones daba la vuelta a Europa para apropiarse los progresos de la ciencia oftálmica, que cultivaba.

Oftálmica: Referente a los ojos.

Era un hombre de facciones bastas, moreno, de fisonomía tan inteligente como sensual, labios gruesos, pelo negro y erizado, mirar centelleante, naturaleza incansable, constitución fuerte, si bien algo gastada por el clima americano. Su cara, grande y redonda, su frente huesuda, su melena rebelde aunque corta, el fuego de sus ojos, sus gruesas manos, habían sido motivo para que dijeran de él: «Es un león negro». En efecto, parecía un león, y, como el rey de los animales, no dejaba de manifestar a cada momento la estimación en que a sí mismo se tenía. Pero la vanidad de aquel hombre insigne era la más disculpable de todas las vanidades, pues consistía en sacar a relucir dos títulos de gloria, a saber: su pasión por la cirugía y la humildad de su origen. Hablaba por lo general incorrectamente, por ser incapaz de construir con gracia y elegancia las oraciones. Eran sus frases rápidas y entrecortadas, conforme a la emisión de su pensamiento, que era una especie de emisión eléctrica. Muchas veces Sofía, al pedirle su opinión sobre cualquier cosa, decía: «A ver lo que piensa de esto la Agencia Havas[1]».

—Nosotros —solía decir Teodoro—, aunque descendemos de las hierbas del campo, que es el más bajo linaje que se conoce, nos hemos hecho árboles corpulentos... ¡Viva el trabajo y la iniciativa del hombre!... Yo creo que los Golfines, aunque aparentemente venimos de maragatos, tenemos sangre inglesa en nuestras venas... Hasta nuestro apellido parece que es de pura casta sajona. Yo lo descompondría de este modo: *Gold,*

Maragato: Procedente de la región leonesa de la Maragatería.

[1] Agencia informativa fundada en 1815 por el francés Charles Havas, que marcó un hito en la evolución del periodismo al permitir que las noticias llegaran al público lector de forma casi inmediata.

oro...; *to find*, hallar... Es, como si dijéramos, buscador de oro... He aquí que mientras mi hermano lo busca en las entrañas de la tierra, yo lo busco en el interior maravilloso de ese universo en abreviatura que se llama el ojo humano.

En la época de esta veraz historia venía de América, por la vía de New York-Liverpool, y, según decía, su expatriación había cesado definitivamente; pero no le creían, por haber dicho lo mismo en otras ocasiones y haber hecho todo lo contrario.

Su hermano Carlos era un bendito, hombre muy pacífico, estudioso, esclavo de su deber, apasionado por la mineralogía y la metalurgia hasta poner a estas dos mancebas cien codos más altas que su mujer. Por lo demás, ambos cónyuges vivían en conformidad completa, o, como decía Teodoro, en estado *isomórfico* porque cristalizaban en un mismo sistema. En cuanto a él, siempre que se hablaba de matrimonio, decía riendo: «El matrimonio sería para mí una *epigénesis* o cristal *pseudomórfico*, es decir, un sistema de cristalización que no me corresponde».[2]

Mancebas: Mujeres (metáfora).

Sofía era una excelente señora, de regular belleza, cada día reducida a menor expresión por una tendencia lamentable a la obesidad. Le habían dicho que la atmósfera de carbón de piedra enflaquecía, y por eso había ido a vivir a las minas, con propósito de pasar en ellas todo el año. Por lo demás, aquella atmósfera saturada de polvo de calamina y de humo causábale no poco disgusto. No tenía hijos vivos, y su principal ocupación consistía en tocar el piano y en organizar asociaciones benéficas de señoras para socorros domiciliarios y sostenimiento de hospitales y escuelas. En Madrid, y durante buena porción de años, su actividad

[2] La formación científica de Teodoro Golfín, además de la ambientación minera de esta novela, explica la definición geológica del matrimonio de su hermano y de su propia soltería: *isomórfico* se dice de los cuerpos diferentes que cristalizan en un mismo sistema; *pseudomórfico* equivale más o menos a lo contrario: *epigénesis* es la formación de unos minerales sobre otros debido a factores geológicos no producidos en el mismo estrato.

había hecho prodigios, ofreciendo ejemplos dignos de imitación a todas las almas aficionadas a la caridad. Ella, ayudada de dos o tres señoras de alto linaje, igualmente amantes del prójimo, había logrado celebrar más de veinte funciones dramáticas, otros tantos bailes de máscaras, seis corridas de toros y dos de gallos, todo en beneficio de los pobres.

En el número de sus vehemencias, que solían ser pasajeras, contábase una que quizás no sea tan recomendable como aquella de socorrer a los menesterosos, y consistía en rodearse de perros y gatos, poniendo en estos animalejos un afecto que al mismo amor se parecía. Últimamente, y cuando residía en el establecimiento de Socartes, tenía un *toy terrier*[3] que por encargo le había traído de Inglaterra Ulises Bull, jefe del taller de maquinaria. Era un galguito fino y elegante, delicado y mimoso como un niño. Se llamaba *Lili*, y había costado en Londres doscientos duros.

Menesteroso: Necesitado.

Los Golfines paseaban en los días buenos; en los malos tocaban el piano o cantaban, pues Sofía tenía cierto chillido que podía pasar por canto en Socartes. El ingeniero segundo tenía voz de bajo profundo; Teodoro también era bajo profundo; Carlos, allá se iba; de modo que armaban una especie de coro de sacerdotes, en el cual descollaba la voz de Sofía como una sacerdotisa a quien van a llevar al sacrificio. Todas las piezas que se cantaban eran, o si no lo eran lo parecían, de sacerdotes sacrificadores y sacerdotisa sacrificada.

Bajo profundo: Bajo de voz más grave que la del bajo ordinario.

En los días de paseo solían merendar en el campo. Una tarde (a últimos de septiembre y seis días después de la llegada de Teodoro a las minas) volvían de su excursión en el orden siguiente: *Lili*, Sofía, Teodoro, Carlos. La estrechez del sendero no les permitía caminar de dos en dos. *Lili* llevaba su manta o gabancito azul con las iniciales de su ama. Sofía apoyaba en su hom-

[3] Perro doméstico de origen inglés, pelo corto y orejas semicaídas.

bro el palo de la sombrilla, y Teodoro llevaba en la misma postura su bastón, con el sombrero en la punta. Gustaba mucho de pasear con la deforme cabeza al aire. Pasaban al borde de la Trascava, cuando *Lili*, desviándose del sendero con la elástica ligereza de sus patillas como alambres, echó a correr césped abajo por la vertiente del embudo. Primero corría, después resbalaba. Sofía dio un grito de terror. Su primer movimiento, dictado por un afecto que parecía materno, fue correr detrás del animal, tan cercano al peligro; pero su esposo la contuvo, diciendo:

—Deja que se lleve el demonio a *Lili*, mujer; él volverá. No se puede bajar porque este césped es muy resbaladizo.

—¡*Lili, Lili!*... —gritaba Sofía, esperando que sus amantes ayes detendrían al animal en su camino de perdición, trayéndole al de la virtud.

Las voces más tiernas no hicieron efecto en el revoltoso ánimo de *Lili*, que seguía bajando. A veces miraba a su ama, y con sus expresivos ojuelos negros parecía decirle: «Señora, por el amor de Dios, no sea usted tan tonta».

Lili se detuvo en la gran peña blanquizca, agujereada, musgosa, que en la boca misma del abismo estaba, como encubriéndola. Fijáronse allí todos los ojos, y al punto observaron que se movía un objeto. Creyeron de pronto ver un animal dañino que se ocultaba detrás de la peña; pero Sofía lanzó un nuevo grito, el cual antes era de asombro que de terror, y dijo:

—¡Si es la Nela!... Nela, ¿qué haces ahí?

Al oír su nombre, la muchacha se mostró toda turbada y ruborosa.

Turbada: Confusa, alterada.

—¿Qué haces ahí, loca? —repitió la dama—. Coge a *Lili* y tráemelo... ¡Válgame Dios lo que inventa esta criatura! Miren dónde se ha ido a meter. Tú tienes la culpa de que *Lili* haya bajado... ¡Qué cosas le enseñas al animalito! Por tu causa es tan mal criado y tan antojadizo.

—Esa muchacha es de la piel de Barrabás[4] —dijo don Carlos a su hermano—. ¡Mira dónde se ha ido a poner!

Mientras esto se decía en el borde de la Trascava, la Nela había emprendido allá abajo la persecución de *Lili*, el cual, más travieso y calavera en aquel día que en ningún otro de su monótona existencia, huía de las manos de la chicuela. Gritábale la dama, exhortándole a ser juicioso y formal; pero él, poniendo en olvido las más vulgares nociones del deber, empezó a dar brincos y a mirar con descaro a su ama, como diciéndole: «Señora, ¿quiere usted irse a paseo y dejarme en paz?».

Calavera: Aquí con el sentido de gamberro.

Al fin *Lili* dio con su elegante cuerpo en medio de las zarzas que cubrían la boca de la cueva, y allí la mantita de que iba vestido fuele de grandísimo estorbo. El animal, viéndose imposibilitado de salir de entre la maleza, empezó a ladrar pidiendo socorro.

—¡Que se me pierde! ¡Que se me mata! —exclamó, gimiendo, Sofía—. ¡Nela, Nela, si me lo sacas, te doy un perrogrande! ¡Sácalo..., ve con cuidado..., agárrate bien!

Perrogrande: Moneda de cobre equivalente a diez céntimos.

La Nela se deslizó intrépidamente, poniendo su pie sobre las zarzas y robustos hinojos que tapaban el abismo; y sosteniéndose con una mano en las asperezas de la peña, alargó la otra hasta pillar el rabo de *Lili*, con lo cual le sacó del aprieto en que estaba. Acariciando al animal, subió triunfante a los bordes del embudo.

Hinojo: Planta aromática que se emplea como condimento.

—Tú, tú, tú tienes la culpa —díjole Sofía de mal talante, aplicándole tres suaves coscorrones—, porque si no te hubieras metido allí... Ya sabes que va tras de ti dondequiera que te encuentre... ¡Qué buena pieza!...

Y luego, besando al descarriado animal y administrándole dos nalgadas, después de cerciorarse de que no había padecido nada de fundamento en su estima-

Descarriado: Perdido.

Nalgadas: Azotes cariñosos en las nalgas.

[4] Barrabás fue el delincuente liberado por Pilatos en vez de Jesucristo antes de la Pasión; equivale a persona mala y peligrosa.

ble persona, le arregló la mantita, que se le había puesto por montera, y lo entregó a la Nela, diciéndole:

Montera: Prenda para abrigo de la cabeza.

—Toma, llévalo en brazos, porque estará cansado, y estas largas caminatas pueden hacerle daño. Cuidado... Anda delante de nosotros... Cuidado, te repito... Mira que voy detrás observando lo que haces.

Púsose de nuevo en marcha la familia, precedida por la Nela. *Lili* miraba a su ama por encima del hombro de la Nela, y parecía decirle: «¡Ay, señora, pero qué boba es usted!».

Teodoro Golfín no había dicho nada durante el conmovedor peligro del hermoso *Lili*; pero cuando se pusieron en marcha por la gran pradera, donde los tres podían ir al lado uno de otro sin molestarse, el doctor dijo a la mujer de su hermano:

—Estoy pensando, querida Sofía, que ese animal te ocupa demasiado. Es verdad que un perro que cuesta doscientos duros no es un perro como otro cualquiera. Yo me pregunto por qué has empleado el tiempo y el dinero en hacerle un gabán a ese señorito canino, y no se te ha ocurrido comprarle unos zapatos a la Nela.

—¡Zapatos a la Nela! —exclamó Sofía riendo—. Y yo pregunto: ¿para qué los quiere?... Tardaría dos días en romperlos. Podrás reírte de mí todo lo que quieras... Bien, yo comprendo que cuidar mucho a *Lili* es una extravagancia...; pero no podrás acusarme de falta de caridad... Alto ahí..., eso sí que no te lo permito —al decir esto, tomaba un tono muy serio con evidente expresión de orgullo—. Y en lo de saber practicar la caridad con prudencia y tino, tampoco creo que me eche el pie adelante persona alguna... No consiste, no, la caridad en dar sin ton ni son, cuando no existe la seguridad de que la limosna ha de ser bien empleada. ¡Si querrás darme lecciones!... Mira, Teodoro, que en eso sé tanto como tú en el tratado de los ojos.

Echar el pie adelante a uno: Aventajarle, excederle en alguna cosa.

—Sí; ya sé, ya sé, que has hecho maravillas. No me cuentes otra vez lo de las funciones dramáticas, bailes y corridas de toros, organizadas por tu ingenio para alivio de los pobres, ni lo de las rifas, que, poniendo en juego grandes sumas, han servido en primer lugar para dar de comer a unos cuantos holgazanes, quedando solo para los enfermos un resto de poca monta. Todo eso solo me prueba las singulares costumbres de una sociedad que no sabe ser caritativa sino bailando, toreando y jugando a la lotería... No hablemos de eso; ya conozco estas heroicidades y las admiro: también eso tiene su mérito, y no poco. Pero tú y tus amigas rara vez os acercáis a un pobre para saber de su misma boca la causa de su miseria..., ni para observar qué clase de miseria le aqueja, pues hay algunas tan extraordinarias, que no se alivian con la fácil limosna del ochavo..., ni tampoco con el mendrugo de pan.[5]

Ochavo: Antigua moneda española de poco valor.

—Ya tenemos a nuestro filósofo en campaña —dijo Sofía con mal humor—. ¿Qué sabes tú lo que yo he hecho ni lo que he dejado de hacer?

—No te enfades, querida —replicó Golfín—; todos mis argumentos van a parar a un punto, y es que debías haberle comprado zapatos a Nela.

—Pues mira, mañana mismo se los he de comprar.

—No, porque esta misma noche se los compraré yo. No se meta usted en mis dominios, señora.

—¡Eh..., Nela! —gritó Sofía, viendo que la muchacha estaba a larga distancia—. No te alejes mucho; que te vea yo para saber lo que haces.

—¡Pobre criatura! —dijo Carlos—. ¡Quién ha de decir que eso tiene dieciséis años!

—Atrasadilla está. ¡Qué desgracia! —exclamó Sofía—. Y yo me pregunto: ¿para qué permite Dios que tales criaturas vivan?... Y me pregunto también: ¿qué es lo que se puede hacer por ella? Nada, nada más que darle de comer, vestirla... hasta cierto punto... Ya se ve..., rompe todo lo que le ponen encima. Ella no pue-

[5] A través del personaje de Teodoro Golfín —médico brillante, símbolo del progreso— Galdós expondrá a partir de ahora la «tesis» de la novela, así como sus ideas en torno a asuntos muy diversos. En este caso critica la caridad burguesa convencional (bailes benéficos, funciones teatrales, sorteos) representada por su cuñada Sofía.

de trabajar, porque se desmaya; ella no tiene fuerzas para nada. Saltando de piedra en piedra, subiéndose a los árboles, jugando y enredando todo el día y cantando como los pájaros, cuanto se le pone encima conviértase pronto en jirones...

Jirones: Trozos desgarrados de un vestido.

—Pues yo he observado en la Nela —dijo Carlos— algo de inteligencia y agudeza de ingenio bajo aquella corteza de candor y salvaje rusticidad. No, señor; la Nela no es tonta, ni mucho menos. Si alguien se hubiera tomado el trabajo de enseñarle alguna cosa, habría aprendido mejor quizás que la mayoría de los chicos. ¿Qué creen ustedes? La Nela tiene imaginación: por tenerla y carecer hasta de la enseñanza más rudimentaria, es sentimental y supersticiosa.

—Eso es; se halla en la situación de los pueblos primitivos —dijo Teodoro—. Está en la época del pastoreo.

—Ayer precisamente —añadió Carlos— pasaba yo por la Trascava y la vi en el mismo sitio donde la hemos hallado hoy. La llamé, hícela salir, le pregunté qué hacía en aquel sitio, y con la mayor sencillez del mundo me contestó que estaba hablando con su madre... Tú no sabes que la madre de la Nela se arrojó por esa sima.

—Es decir, que se suicidó —dijo Sofía—. Era una mujer de mala vida y peores ideas, según he oído contar. Carlos no estaba aquí todavía; pero nos han dicho que se embriagaba como un fogonero. Y yo me pregunto: ¿esos seres tan envilecidos que terminan una vida de crímenes con el mayor de todos, que es el suicidio, merecen la compasión del género humano? Hay cosas que horripilan; hay personas que no debieran haber nacido, no, señor, y Teodoro podrá decir todas las sutilezas que quiera, pero yo me pregunto...

Fogonero: Obrero que echa combustible a las máquinas de vapor.

Horripilan: Horrorizan.

—No, no te preguntes nada, hermana querida —dijo vivamente Teodoro—. Yo te responderé que el suicida merece la más viva, la más cordial compasión. En

Vituperio: Deshonra.

cuanto a vituperio, échesele encima todo el que haya disponible; pero al mismo tiempo... bueno será indagar qué causas le llevaron a tan horrible extremo de desesperación..., y observaría si la sociedad no le ha dejado abierta, desamparándole en absoluto, la puerta de ese abismo horrendo que le llama...

—¡Desamparado de la sociedad! Hay algunos que lo están... —dijo Sofía, con impertinencia—. La sociedad no puede amparar a todos. Mira la estadística, Teodoro; mírala y verás la cifra de pobres... Pero si la sociedad desampara a alguien, ¿para qué sirve la religión?

—Refiérome al miserable desesperado que reúne a todas las miserias la miseria mayor, que es la ignorancia... El ignorante envilecido y supersticioso solo posee nociones vagas y absurdas de la Divinidad... Lo desconocido, lejos de detenerle, le impulsa más a cometer su crimen... Rara vez hará beneficios la idea religiosa al que vegeta en estúpida ignorancia. A él no se acerca amigo inteligente, ni maestro, ni sacerdote. No se le acerca sino el juez que ha de mandarle a presidio... Es singular el rigor con que condenáis vuestra propia obra —añadió con vehemencia, enarbolando el palo, en cuya punta tenía su sombrero—. Estáis viendo delante de vosotros, al pie mismo de vuestras cómodas casas, a una multitud de seres abandonados, faltos de todo lo que es necesario a la niñez, desde los padres hasta los juguetes...; les estáis viendo, sí..., nunca se os ocurre infundirles un poco de dignidad, haciéndoles saber que son seres humanos, dándoles las ideas de que carecen; no se os ocurre ennoblecerles, haciéndoles pasar del bestial trabajo mecánico al trabajo de la inteligencia; les veis viviendo en habitaciones inmundas, mal alimentados, perfeccionándose cada día en su salvaje rusticidad, y no se os ocurre extender un poco hasta ellos las comodidades de que estáis rodeados... ¡Toda la energía la guardáis luego para declamar contra los homicidios, los robos y el suicidio, sin reparar que sostenéis escuela permanente de estos tres crímenes![6]

—No sé para qué están ahí los asilos de beneficencia —dijo agriamente Sofía—. Lee la estadística, Teodoro, léela, y verás el número de desdichados... Lee la estadística...

—Yo no leo la estadística, querida hermana, ni me hace falta para nada tu estadística. Buenos son los asilos; pero no, no bastan para resolver el gran problema que ofrece la orfandad. El miserable huérfano, perdido en las calles y en los campos, desamparado de todo cariño personal y amparado solo por las Corporaciones, rara vez llena el vacío que forma en su alma la carencia de familia...; ¡oh!, vacío donde debían estar, y rara vez están, la nobleza, la dignidad y la estimación de sí mismo. Sobre este tema tengo una idea, es una idea mía; quizás os parezca un disparate.

Orfandad: Carencia de padres.

—Dínosla.

—El problema de la orfandad y de la miseria infantil no se resolverá nunca en absoluto, como no se resolverán tampoco sus compañeros, los demás problemas sociales; pero habrá un alivio a mal tan grande cuando las costumbres, apoyadas por las leyes..., por las leyes, ya veis que esto no es cosa de juego, establezcan que todo huérfano, cualquiera que sea su origen..., no reírse..., tenga derecho a entrar en calidad de hijo adoptivo en la casa de un matrimonio acomodado que carezca de hijos. Ya se arreglarían las cosas de modo que no hubiera padres sin hijos, ni hijos sin padres.

—Con tu sistema —dijo Sofía— ya se arreglarían las cosas de modo que nosotros fuésemos padres de la Nela.

—¿Por qué no? —repuso Teodoro—. Entonces no gastaríamos doscientos duros en comprar un perro, ni

[6] Nueva manifestación de las ideas liberales del autor: en esta ocasión, a través de Golfín, clama contra los huérfanos abandonados, pobres, sin educación —como la figura de Marianela— abocados en muchos casos a la delincuencia.

estaríamos todo el santo día haciendo mimos al señorito *Lili*.

—¿Y por qué han de estar exentos de esa graciosa ley los solteros ricos? ¿Por qué no han de cargar ellos también con su huérfano como cada hijo de vecino?

—No me opongo —dijo el doctor mirando al suelo—. ¿Pero qué es esto?... ¡Sangre!...

Todos miraron al suelo, donde se veían de trecho en trecho pequeñas manchas de sangre.

—¡Jesús! —exclamó Sofía, apartando los ojos—. Si es la Nela. Mira cómo se ha puesto los pies.

—Ya se ve... Como tuvo que meterse entre las zarzas para coger a tu dichoso *Lili*. Nela, ven acá.

La Nela, cuyo pie derecho estaba ensangrentado, se acercó cojeando.

—Dame al pobre *Lili* —dijo Sofía tomando el canino de manos de la vagabunda—. No vayas a hacerle daño. ¿Te duele mucho? ¡Pobrecita! Eso no es nada. ¡Oh, cuánta sangre!... No puedo ver eso.

Sensible y nerviosa, Sofía se volvió de espaldas, acariciando a *Lili*.

—A ver, a ver qué es eso —dijo Teodoro, tomando a la Nela en sus brazos y sentándola en una piedra de la cerca inmediata.

Poniéndose sus lentes, le examinó el pie.

—Es poca cosa: dos o tres rasguños... Me parece que tienes una espina dentro... ¿Te duele? Sí, aquí está esa pícara... Aguarda un momento. Sofía, echa a andar, si te molesta ver una operación quirúrgica.

Mientras Sofía daba algunos pasos para poner su precioso sistema nervioso a cubierto de toda alteración, Teodoro Golfín sacó su estuche, del estuche unas pinzas, y en un santiamén extrajo la espina.

—¡Bien por la mujer valiente! —dijo, observando la serenidad de la Nela—. Ahora vendemos el pie.

Con su pañuelo vendó el pie herido. Marianela trató de andar. Carlos le daba la mano.

—No, no, ven acá —dijo Teodoro, tomando a Marianela por los brazos.

Con un rápido movimiento levantola en el aire y la sentó sobre su hombro derecho.

—Si no estás segura, agárrate a mis cabellos; son fuertes. Ahora lleva tú el palo con el sombrero.

—¡Qué facha! —exclamó Sofía, muerta de risa al verles venir—. Teodoro con la Nela al hombro, y luego el palo con el sombrero de Gessler.[7]

[7] Alusión a la conocida leyenda suiza de Guillermo Tell: El tirano Hermann Gessler ordenó que todo el pueblo adorara su sombrero colocado en lo alto de un palo; Guillermo se negó, por lo que fue condenado a disparar una flecha contra la manzana situada sobre la cabeza de su hijo.

10

Historia de dos hijos del pueblo

AQUÍ TIENES, QUERIDA SOFÍA —dijo Teodoro—, un hombre que sirve para todo. Este es el resultado de nuestra educación, ¿verdad, Carlos? Como no hemos sido criados con mimos; como desde nuestra más tierna infancia nos acostumbramos a la idea de que no había nadie inferior a nosotros... Los hombres que se forman solos, como nosotros nos formamos; los que, sin ayuda de nadie, ni más amparo que su voluntad y noble ambición, han logrado salir triunfantes en la *lucha por la existencia*..., sí, ¡demonio!, estos son los únicos que saben cómo se ha de tratar a un menesteroso. No te cuento diversos hechos de mi vida, atañederos a esto del prójimo como a ti mismo, por no caer en el feo pecado de la propia alabanza y por temor de causar envidia a tus rifas y a tus bailoteos filantrópicos. Quédese esto aquí.

Atañedero: Tocante o perteneciente.

Filantrópico: Caritativo.

—Cuéntalos, cuéntalos otra vez, Teodoro.

—No, no... Todo eso debe callarse; así lo manda la modestia. Confieso que no poseo en alto grado esta virtud preciosa; yo no carezco de vanidades, y entre ellas tengo la vanidad de haber sido mendigo, de haber pedido limosna de puerta en puerta, de haber andado descalzo con mi hermanito Carlos y dormir con él en los huecos de las puertas, sin amparo, sin abrigo, sin familia. Yo no sé qué extraordinario rayo de energía y de voluntad vibró dentro de mí. Tuve una inspiración. Comprendí que delante de nuestros pasos se abrían dos sendas: la del presidio, la de la gloria. Cargué en mis hombros a mi pobre hermanito, lo mismo que hoy cargo a la Nela, y dije: «Padre nuestro que estás en los cielos, sálvanos...». Ello es que nos salvamos. Yo aprendí a leer y enseñé a leer a mi hermano. Yo servía a diversos amos, que me daban de comer y me permitían ir a la escuela. Yo guardaba mis propinas; yo compré una hucha... Yo reuní para comprar libros... Yo no sé cómo entré en los Escolapios[1]; pero ello es que entré, mientras mi hermano se ganaba su pan haciendo de mozo de recados en una tienda de ultramarinos...

—¡Qué cosas tienes! —exclamó Sofía muy desazonada, porque no gustaba de oír aquel tema—. Y yo me pregunto: ¿a qué viene el recordar tales niñerías? Además, tú las exageras mucho.

—No exagero nada —dijo Teodoro con brío—. Señora, oiga usted y calle... Voy a poner cátedra de esto... Oiganme todos los pobres, todos los desamparados, todos los niños perdidos... Yo entré en los Escolapios como Dios quiso; yo aprendí como Dios quiso... Un bendito padre diome buenos consejos y me ayudó con sus limosnas... Sentí afición a la medicina... ¿Cómo estudiarla sin dejar de trabajar para comer? ¡Problema terrible!... Querido Carlos, ¿te acuerdas de cuando entramos los dos a pedir trabajo en una barbería de la antigua calle de Cofreros?... Nunca habíamos cogido una navaja en la mano; pero era preciso ganarse el pan afeitando... Al principio ayudábamos..., ¿te acuerdas, Carlos?... Después empuñamos aquellos nobles instrumentos... La flebotomía fue nuestra salvación. Yo empecé a estudiar la anatomía. ¡Ciencia admirable, divina! Tanto era el trabajo escolástico, que tuve que abandonar la barbería de aquel famoso maestro Cayetano... El día en que me despedí, él lloraba... Diome dos duros, y su mujer me obsequió con unos pantalo-

Flebotomía: Operación de sacar sangre abriendo una vena con la intención de curar.

Escolástico: Perteneciente a la escuela.

[1] Orden religiosa fundada por José de Calasanz a fines del siglo XVI para ocuparse de la educación de niños pobres.

Ayuda de cámara: Criado que cuida fundamentalmente del vestido de su amo.

Miología: Estudio de los músculos del cuerpo humano.

Ropavejero: Vendedor de ropas y objetos usados.

Guiñapo: Objeto feo y despreciable.

nes viejos de su esposo... Entré a servir de ayuda de cámara. Dios me protegía, dándome siempre buenos amos[2]. Mi afición al estudio interesó a aquellos benditos señores, que me dejaban libre todo el tiempo que podían. Yo velaba estudiando. Yo estudiaba durmiendo. Yo deliraba, y, limpiando la ropa, repasaba en la memoria las piezas del esqueleto humano... Me acuerdo que el cepillar la ropa de mi amo me servía para estudiar la miología... Limpiando una manga, decía: «músculo deltoides, bíceps, gran supinador, cubital», y en los pantalones: «músculos glúteos, psoas, gemelos, tibial, etc.».[3] En aquella casa dábanme sobras de comida, que yo llevaba a mi hermano, habitante en casa de unos dignos ropavejeros. ¿Te acuerdas, Carlos?

—Me acuerdo —dijo Carlos con emoción—. Y gracias que encontré quien me diera casa por un pequeño servicio de llevar cuentas. Luego tuve la dicha de tropezar con aquel coronel retirado, que me enseñó las matemáticas elementales.

—Bueno; no hay guiñapo que no saquen ustedes hoy a la calle —observó Sofía.

—Mi hermano me pedía pan —añadió Teodoro—, y yo le respondía: «¿Pan has dicho? Toma matemáticas...». Un día mi amo me dio entradas para el teatro de la Cruz[4]; llevé a mi hermano y nos divertimos mucho; pero Carlos cogió una pulmonía... ¡Obstáculo terrible, inmenso! Esto era recibir un balazo al principio de la acción... Pero no, ¿quién desmaya? Adelante..., a curarle se ha dicho. Un profesor de la Facultad, que me había tomado gran cariño, se prestó a curarle.

[2] La historia de cómo los Golfines, sobre todo Teodoro, salieron adelante a base de fuerza de voluntad recuerda la novela picaresca, pero con final opuesto, porque este personaje, a diferencia de Lázaro, sí que se encuentra «en la cumbre de toda buena fortuna».

[3] Diversos músculos de las extremidades. Dentro de las superiores, el *deltoides* está en el hombro; el *bíceps* flexiona el brazo; el *gran supinador* flexiona el antebrazo y el *cubital,* la mano. En las extremidades inferiores los *glúteos* equivalen a las nalgas; el *psoas* junta los muslos; los *gemelos* están en las pantorrillas y el *tibial* flexiona el pie.

[4] El teatro más antiguo de Madrid, levantado en la calle de la Cruz en 1579; allí se celebraron muchísimas representaciones de los grandes dramaturgos del Siglo de Oro.

—Fue milagro de Dios que me salvara en aquel cuchitril inmundo, almacén de trapo viejo, de hierro viejo y de cuero viejo.

Cuchitril: Cuarto muy pequeño y sucio.

—Dios estaba con nosotros..., bien claro se veía... Habíase puesto de nuestra parte... ¡Oh, bien sabía yo a quién me arrimaba! —prosiguió Teodoro, con aquella elocuencia nerviosa, rápida, ardiente, que era tan suya como las melenas negras y la cabeza de león—. Para que mi hermano tuviera medicinas, fue preciso que yo me quedara sin ropa. No pueden andar juntas la farmacopea y la indumentaria. Receta tras receta, el enfermo consumió mi capa, después mi levita..., mis calzones se convirtieron en píldoras... Pero mis amos no me abandonaban... Volví a tener ropa, y mi hermano salió a la calle. El médico me dijo: «Que vaya a convalecer al campo...». Yo medité... «¿Campo dijiste? Que vaya a la Escuela de Minas». Mi hermano era gran matemático. Yo le enseñé la Química...; pronto se aficionó a los pedruscos, y antes de entrar en la escuela, ya salía al campo de San Isidro a recoger guijarros. Yo seguía adelante en mi navegación por entre olas y huracanes... Cada día era más médico. Un famoso operador me tomó por ayudante; dejé de ser criado... Empecé a servir a la ciencia...; mi amo cayó enfermo; asistile como una hermana de la Caridad... Murió, dejándome un legado..., ¡cosa graciosa! Consistía en un bastón, una máquina para hacer cigarrillos, un cuerno de caza y cuatro mil reales en dinero... ¡Una fortuna!... Mi hermano tuvo libros, yo ropa, y cuando me vestí de gente, empecé a tener enfermos. Parece que la humanidad perdía la salud solo por darme trabajo... ¡Adelante, siempre adelante!... Pasaron años, años... Al fin, vi desde lejos el puerto de refugio después de grandes tormentas... Mi hermano y yo bogábamos sin gran trabajo..., ya no estábamos tristes... Dios sonreía dentro de nosotros. ¡Bien por los Golfines!... Dios les había dado la mano. Yo empecé a estudiar los ojos, y en poco tiempo dominé la catarata; pero yo quería más... Gané

Farmacopea: Arte de preparar los fármacos.

Levita: Vestidura de hombre ceñida al cuerpo y con mangas, cuyos faldones cruzan por delante.

Bogábamos: Remábamos.

Catarata: Enfermedad de la vista.

algún dinero; pero mi hermano consumía bastante... Al fin Carlos salió de la Escuela... ¡Vivan los hombres valientes!... Después de dejarle colocado en Riotinto con un buen sueldo, me marché a América. Yo había sido una especie de Colón, el Colón del trabajo, y una especie de Hernán Cortés[5]; yo había descubierto en mí un Nuevo Mundo, y, después de descubrirlo, lo había conquistado.

—Alábate, pandero —dijo Sofía, riendo.

—Si hay héroes en el mundo, tú eres uno de ellos —afirmó Carlos, demostrando gran admiración por su hermano.

—Prepárese usted ahora, señor semidiós —dijo Sofía—, a coronar todas sus hazañas haciendo un milagro, que milagro será dar la vista a un ciego de nacimiento... Mira: allí sale don Francisco a recibirnos

Avanzando por lo alto del cerro que limita las minas del lado de poniente, habían llegado a Aldeacorba, y a la casa del señor de Penáguilas, que, echándose el chaquetón a toda prisa, salió al encuentro de sus amigos. Caía la tarde.

[5] Se refiere a la compañía titular de las minas de *Riotinto* (Huelva), unas importantísimas minas de piritas de cobre y hierro explotadas ya desde la época romana. *Hernán Cortés* nacido en Extremadura (Medellín, 1485-1547) que se convertirá en el conquistador de México.

11

El patriarca de Aldeacorba

Ya la están ordeñando —dijo, antes de saludarles—. Supongo que todos tomarán leche. ¿Cómo va ese valor, doña Sofía?... ¿Y usted, don Teodoro?... ¡Buena carga se ha echado a cuestas! ¿Qué tiene María Canela?... ¿Una patita mala? ¿De cuándo acá gastamos esos mimos?

Entraron todos en el patio de la casa. Oíanse los graves mugidos de las vacas, que acababan de entrar en el establo, y este rumor, unido al grato aroma campesino del heno que los mozos subían al pajar, recreaba dulcemente los sentidos y el ánimo.

El médico sentó a la Nela en un banco de piedra, y ella, paralizada por el respeto, no se atrevía a hacer movimiento alguno y miraba a su bienhechor con asombro.

—¿En dónde está Pablo? —preguntó el ingeniero.

—Acaba de bajar a la huerta —replicó el señor de Penáguilas, ofreciendo una rústica silla a Sofía—. Mira, Nela, ve y acompáñale.

—No, no quiero que ande todavía —objetó Teodoro, deteniéndola—. Además, va a tomar leche con nosotros.

—¿No quiere usted ver a mi hijo esta tarde? —preguntó el señor de Penáguilas.

—Con el examen de ayer me basta —replicó Golfín—. Puede hacerse la operación.

—¿Con éxito?

—¡Ah! ¡Con éxito...! Eso no se puede decir. ¡Cuán gran placer sería para mí dar la vista a quien tanto la merece! Su hijo de usted posee una inteligencia de primer orden, una fantasía superior, una bondad exquisita. Su absoluto desconocimiento del mundo visible hace resaltar más aquellas grandiosas cualidades... Se nos presentan solas, admirablemente sencillas, con todo el candor y el encanto de las grandes creaciones de la Naturaleza, donde no ha entrado el arte de los hombres. En él todo es idealismo, un idealismo grandioso, enormemente bello. Es como un yacimiento colosal, como el mármol en las canteras... No conoce la realidad...; vive la vida interior, la vida de ilusión pura... ¡Oh! ¡Si pudiéramos darle vista!... A veces me digo: «¡Si al darle la vista le convertiremos de ángel en hombre!...». Problema y duda tenemos aquí... Pero hagámosle hombre; ese es el deber de la ciencia: traigámosle del mundo de las ilusiones a la esfera de la realidad y entonces, dado su poderoso pensar, será verdaderamente inteligente y discreto; entonces sus ideas serán exactas y tendrá el don precioso de apreciar en su verdadero valor todas las cosas.

Sacaron los vasos de leche blanca, espumosa, tibia, rebosando de los bordes con hirviente oleada. Ofreció Penáguilas el primero a Sofía, y los caballeros se apoderaron de los otros dos. Teodoro Golfín dio el suyo a la Nela, que, abrumada de vergüenza, se negaba a tomarlo.

—Vamos, mujer —dijo Sofía—, no seas mal criada; toma lo que te dan.

—Otro vaso para el señor don Teodoro —dijo don Francisco al criado.

Oyose en seguida el rumorcillo de los menudos chorros que salían de la estrujada ubre.

—Y tendrá la apreciación justa de todas las cosas —dijo don Francisco, repitiendo esta frase del doctor, la cual había hecho no poca impresión en su espíritu—. Ha dicho usted, señor don Teodoro, una cosa admirable. Y ya que de esto hablamos, quiero confiarles las inquietudes que hace días tengo. Sentareme también.

Acomodose don Francisco en un banco que a la mano tenía. Teodoro, Carlos y Sofía se habían sentado en sillas traídas de la casa, y la Nela continuaba en el banco de piedra. La leche que acababa de tomar le había dejado un bigotillo blanco en su labio superior.

—Pues decía, señor don Teodoro, que hace días me tiene inquieto el estado de exaltación en que se halla mi hijo; yo lo atribuyo a la esperanza que le hemos dado... Pero hay más, hay más. Ya sabe usted que acostumbro leerle diversos libros. Creo que se ha enardecido demasiado su pensamiento con mis lecturas, y que se ha desarrollado en él una cantidad de ideas superiores a la capacidad del cerebro de un hombre que no ve. No sé si me explico bien.

—Perfectamente.

—Sus cavilaciones no acaban nunca. Yo me asombro de oírle, y del meollo y agudeza de sus discursos. Creo que su sabiduría está llena de mil errores por la falta de método y por el desconocimiento del mundo visible.

Cavilaciones: Meditaciones.

—No puede ser de otra manera.

—Pero lo más raro es que, arrastrado por su imaginación potente, la cual es como un Hércules[1] atado con cadenas dentro de un calabozo y que forcejea por romper hierros y muros...

—Muy bien, muy bien dicho.

—Su imaginación, digo, no puede contenerse en la oscuridad de sus sentidos, y viene a este nuestro mundo de luz, y quiere suplir con sus atrevidas creaciones la falta de sentido de la vista. Pablo posee un espíritu de indagación asombroso; pero este espíritu de investigación es un valiente pájaro con las alas rotas. Hace

[1] Héroe de la mitología griega, hijo de Zeus y Alcmena, dotado de fuerza descomunal, lo que le llevó a realizar con éxito variadas tareas increíbles, conocidas como los doce trabajos de Hércules.

días que está delirante, no duerme, y su afán de saber raya en locura. Quiere que a todas horas le lea libros nuevos, y a cada pausa hace las observaciones más agudas, con una mezcla de candor que me hace reír. Afirma y sostiene grandes absurdos, ¡y vaya usted a contradecirle!... Temo mucho que se me vuelva maniático, que se desquicie su cerebro... ¡Si viera usted cuán triste y caviloso se me pone a veces!... Y coge un tema, y dale que le darás, no lo suelta en una semana. Hace días que no sale de un tema tan gracioso como original. Ha dado en sostener que la Nela es bonita.

Oyéronse risas, y la Nela se quedó como púrpura.

—¡Que la Nela es bonita! —exclamó Teodoro cariñosamente—. Pues sí que lo es.

—Ya lo creo, y ahora que tiene su bigote blanco —dijo Sofía.

—Pues sí que es guapa —repitió Teodoro, tomándole la cara—. Sofía, dame tu pañuelo... ¡Vamos, fuera ese bigote!

Teodoro devolvió a Sofía su pañuelo, después de afeitar a la Nela. Díjole a esta don Francisco que fuese a acompañar al ciego, y, cojeando, entró en la casa.

—Y cuando le contradigo —añadió el señor de Aldeacorba—, mi hijo me contesta que el don de la vista quizás altere en mí, ¡qué disparate más gracioso!, la verdad de las cosas.

—No le contradiga usted, y suspenda por ahora absolutamente las lecturas. Durante algunos días ha de adoptar un régimen de tranquilidad absoluta. Hay que tratar al cerebro con grandes miramientos antes de emprender una operación de esta clase.

—Si Dios quiere que mi hijo vea —dijo el señor de Penáguilas con fervor—, le tendré a usted por el más grande, por el más benéfico de todos los hombres. La oscuridad de sus ojos es la oscuridad de mi vida: esa sombra negra ha hecho tristes mis días, entenebreciéndome el bienestar material que poseo. Soy rico: ¿de qué me sirven mis riquezas? Nada de lo que él no pueda ver es agradable para mí. Hace un mes he recibido la noticia de haber heredado una gran fortuna... Ya sabe usted, señor don Carlos, que mi primo Faustino ha muerto en Matamoros. No tiene hijos; le heredamos mi hermano Manuel y yo... Esto es echar margaritas a puercos, y no lo digo por mi hermano, que tiene una hija preciosa, ya casadera; dígolo por este miserable que no puede hacer disfrutar a su único hijo las delicias honradas de una buena posición.

Siguió a estas palabras un largo silencio, solo interrumpido por el cariñoso mugido de las vacas en el cercano establo.

—Para él —añadió el patriarca de Aldeacorba con profunda tristeza— no existe el goce del trabajo, que es el primero de todos los goces. No conociendo las bellezas de la Naturaleza, ¿qué significan para él la amenidad del campo ni las delicias de la agricultura? Yo no sé cómo Dios ha podido privar a un ser humano de admirar una res gorda, un árbol cuajado de peras, un prado verde, y de ver apilados los frutos de la tierra, y de repartir su jornal a los trabajadores, y de leer en el cielo el tiempo que ha de venir. Para él no existe más vida que una cavilación febril. Su vida solitaria ni aun tendrá el consuelo de la familia, porque cuando yo me muera, ¿qué familia tendrá el pobre ciego? Ni él querrá casarse, ni habrá mujer de punto que con él se despose, a pesar de sus riquezas; ni yo le aconsejaré tampoco que tome estado. Así es que cuando el señor don Teodoro me ha dado esperanza... he visto el cielo abierto; he visto una especie de Paraíso en la tierra...; he visto un joven y alegre y sencillo matrimonio; he visto ángeles, nietecillos alrededor de mí; he visto mi sepultura embellecida y perfumada con las flores de la infancia, con las tiernas caricias que aun después de mi última hora subsistirán, acompañándome debajo de la tierra... Ustedes no comprenden esto; no saben que mi hermano Manuel, que es más bueno que el buen pan, luego que ha tenido noticia de mis esperanzas, ha empezado a hacer cálculos y más cálculos... Vean ustedes lo que dice... —sacó varias cartas, que revolvió breve rato, sin dar con la que buscaba—. En resumidas cuentas, el está loco de contento, y me ha dicho: «Casaré a mi Florentina con tu Pablito, y aquí tienes colocado a interés compuesto el medio millón de pesos del primo Faustino...». Me parece que veo a Manolo frotándose las manos y dando zancajos, como es su costumbre cuando tiene una idea feliz. Les espero a él y a su hija de un momento a otro; vienen a pasar conmigo el cuatro de octubre y a ver en qué para esta tentativa de dar a luz a mi hijo...

Interés compuesto: El de un capital al que se van acumulando sus réditos para que produzcan otros.

Zancajos: Forma especial y cómica de dar pasos.

Iba avanzando mansamente la noche, y los cuatro personajes rodeábanse de una sombra apacible. La casa empezaba a humear, anunciando la grata cena de aldea. El patriarca, que parecía la expresión humana de aquella tranquilidad melancólica, volvió a tomar la palabra, diciendo:

—La felicidad de mi hermano y la mía dependen de que yo tenga un hijo que ofrecer por esposo a Florentina, que es tan guapa como la Madre de Dios, como la Virgen María Inmaculada, según la pintan cuando viene el ángel a decirle: «El Señor es contigo...».[2] Mi ciego no servirá para el caso..., pero mi hijo Pablo con vista será la realidad de todos mis sueños y la bendición de Dios entrando en mi casa.

Callaron todos, hondamente impresionados por la relación tan patética como sencilla del bondadoso padre. Este llevó a sus ojos la mano basta y ruda, endurecida por el arado, y se limpió una lágrima.

—¿Qué dices tú a eso, Teodoro? —preguntó Carlos a su hermano.

—No digo más sino que he examinado a conciencia este caso, y que no encuentro motivos suficientes para decir: «No tiene cura», como han dicho los mé-

[2] Se refiere al momento en que el ángel Gabriel se aparece a la Virgen María para anunciarle que dará a luz un niño llamado Jesús, hijo de Dios.

dicos famosos a quienes ha consultado nuestro amigo. Yo no aseguro la curación; pero no la creo imposible. El examen catóptrico que hice ayer no me indica lesión retiniana ni alteración de los nervios de la visión. Si la retina está bien, todo se reduce a quitar de en medio un tabique importuno... El cristalino, volviéndose opaco y a veces duro como piedra, es el que nos hace estas picardías... Si todos los órganos desempeñaran su papel como les está mandado... Pero allí, en esa república del ojo, hay muchos holgazanes que se atrofian.

—De modo que todo queda reducido a una simple catarata congénita —dijo el patriarca con afán.

—¡Oh!, no, señor; si fuera eso solo, seríamos felices. Bastaba decretar la cesantía de ese funcionario que tan mal cumple su obligación... Le mandan que dé paso a la luz, y, en vez de hacerlo, se congestiona, se altera, se endurece, se vuelve opaco como una pared. Hay algo más, señor don Francisco. El iris tiene fisura. La pupila necesita que pongamos la mano en ella. Pero de todo eso me río yo, si cuando tome posesión de ese ojo, por tanto tiempo dormido, entro en él y encuentro la coroides y la retina en buen estado. Si, por el contrario, después que aparte el cristalino, entro con la luz en mi nuevo palacio recién conquistado, y me encuentro con una amaurosis total... Si fuera incompleta, habríamos ganado mucho; pero si es general... Contra la muerte del aparato nervioso de la visión no podemos nada. Nos está prohibido meternos en las honduras de la vida... ¿Qué hemos de hacer? Paciencia. El caso presente ha llamado extraordinariamente mi atención: hay síntomas de que los aposentos interiores no están mal. Su Majestad la retina se halla quizás dispuesta a recibir los rayos lumínicos que se le quieran presentar. Su Alteza el humor vítreo probablemente no tendrá novedad. Si la larguísima falta de ejercicio en sus funciones le ha producido algo de glaucoma... una especie de tristeza... ya trataremos de arreglarlo. Todo estará muy bien allá en la cámara regia... Pero pienso

Catóptrico: Realizado con aparatos que examinan el ojo mediante luz refleja.

Retiniana: De la retina.

Cristalino: Especie de lente situada en el interior del ojo.

Opaco: Que no deja pasar la luz.

Atrofian: Dejan de funcionar.

Congénito: De nacimiento.

Fisura: Grieta.

Coroides: Parte del ojo.

Amaurosis: Pérdida de visión.

Humor vítreo: Líquido del interior del ojo.

Glaucoma: Aumento de la tensión en el interior del ojo.

Cortical: Parte más externa de algunos órganos.

otra cosa. La fisura y la catarata permiten comúnmente que entre un poco de claridad, y nuestro ciego no percibe claridad alguna. Esto me ha hecho cavilar... Verdad es que las capas corticales están muy opacas..., los obstáculos que halla la luz son muy fuertes... Allá veremos, don Francisco. ¿Tiene usted valor?[3]

—¿Valor? ¡Que si tengo valor!... —exclamó don Francisco con cierto énfasis.

—Se necesita mucho valor para afrontar el caso siguiente...

—¿Cuál?

—Que su hijo de usted sufra una operación dolorosa, y después se quede tan ciego como antes... Yo dije a usted: «La imposibilidad no está demostrada. ¿Hago la operación?».

—Y yo respondí, y ahora respondo: «Hágase la operación, y cúmplase la voluntad de Dios. Adelante».

—¡Adelante! Ha pronunciado usted mi palabra.

Levantose don Francisco y estrechó entre sus dos manos la de Teodoro, tan parecida a la zarpa de un león.

—En este clima la operación puede hacerse en los primeros días de octubre —dijo Golfín—. Mañana fijaremos el tratamiento a que debe sujetarse el paciente... Y nos vamos, que se siente fresco en estas alturas.

Penáguilas ofreció a sus amigos casa y cena, mas no quisieron estos aceptar. Salieron todos, juntamente con la Nela, a quien Teodoro quiso llevar consigo, y también salió don Francisco para hacerles compañía hasta el establecimiento.

Convidados del silencio y belleza de la noche, fueron departiendo sobre cosas agradables: unas, relativas al rendimiento de las minas; otras, a las cosechas del país. Cuando los Golfines entraron en su casa, volvio-

[3] Nueva muestra del trabajo de documentación por parte del escritor realista: si antes hizo gala de su conocimiento de la actividad minera, ahora —a través de la figura de Teodoro Golfín— exhibe su documentación en torno a las enfermedades de la vista, usando abundante cantidad de términos médicos.

se a la suya don Francisco, solo y triste, andando despacio y con la vista fija en el suelo. Pensaba en los terribles días de ansiedad y de esperanza, de sobresalto y dudas que iban a venir. Por el camino encontró a *Choto,* y ambos subieron lentamente la escalera de palo. La luna alumbraba bastante, y la sombra del patriarca subía delante de él, quebrándose en los peldaños y haciendo como unos dobleces que saltaban de escalón en escalón. El perro iba a su lado. No teniendo don Francisco otro ser a quien fiar los pensamientos que abrumaban su cerebro, dijo así:

—*Choto,* ¿qué sucederá?

12

El doctor Celipín

EL SEÑOR CENTENO, después de recrear su espíritu en las borrosas columnas del *Diario*, y la Señana, después de gustar el más embriagador deleite sopesando lo contenido en el calcetín, se acostaron. Habían marchado también los hijos a reposar sobre sus respectivos colchones. Oyose en la sala una retahíla que parecía oración o romance de ciego; oyéronse bostezos, sobre los cuales trazaba cruces el perezoso dedo... La familia de piedra dormía.

Retahíla: Discurso desordenado.

Cuando la casa fue el mismo limbo, oyose en la cocina rumorcillo como de alimañas que salen de sus agujeros para buscarse la vida. Las cestas se abrieron, y Celipín oyó estas palabras:

—Celipín, esta noche sí que te traigo un buen regalo; mira.

Celipín no podía distinguir nada; pero, alargando la mano, tomó de la de María dos duros como dos soles, de cuya autenticidad se cercioró por el tacto, ya que por la vista difícilmente podía hacerlo, quedándose pasmado y mudo.

—Me los dio don Teodoro —añadió la Nela— para que me comprara unos zapatos. Como yo para nada necesito zapatos, te los doy, y así pronto juntarás aquello.

—¡Córcholis!, ¡que eres más buena que María Santísima!... Ya poco me falta, Nela, y en cuanto apande media docena de reales..., ya verán quién es Celipín.

Apandar: Pillar, guardar algo con ánimo de apropiárselo.

—Mira, hijito; el que me ha dado ese dinero andaba por las calles pidiendo limosna cuando era niño, y después...

—¡Córcholis! ¡Quién lo había de decir!... Don Teodoro... ¡Y ahora tiene más dinero!... Dicen que lo que tiene no lo cargan seis mulas.

—Y dormía en las calles, y servía de criado, y no tenía calzones...; en fin, que era más pobre que las ratas. Su hermano don Carlos vivía en una casa de trapo viejo.

—¡Jesús! ¡Córcholis! ¡Y qué cosas se ven por esas tierras!... Yo también me buscaré una casa de trapo viejo.

—Y después tuvo que ser barbero para ganarse la vida y poder estudiar.

—*Miá* tú..., yo tengo pensado irme derecho a una barbería... Yo me pinto solo para rapar... ¡Pues soy yo poco listo en gracia de Dios! Desde que yo llegue a Madrid, por un lado rapando y por otro estudiando, he de aprender en dos meses toda la ciencia. *Miá* tú, ahora se me ha ocurrido que debo tirar para médico... Sí, médico, que echando una mano a este pulso, otra mano al otro, se llena de dinero el bolsillo.

—Don Teodoro —dijo la Nela— tenía menos que tú, porque tú vas a tener cinco duros, y con cinco duros parece que todo se ha de venir a la mano. ¡Aquí de los hombres guapos! Don Teodoro y don Carlos eran como los pájaros que andan solos por el mundo. Ellos con su buen gobierno se volvieron sabios. Don Teodoro leía en los muertos y don Carlos leía en las piedras, y así los dos aprendieron el modo de hacerse personas cabales. Por eso es don Teodoro tan amigo de los pobres. Celipín, si me hubieras visto esta tarde cuando me llevaba al hombro... Después me dio un vaso de leche y me echaba unas miradas como las que se echan a las señoras.

Petulancia: Arrogancia.

—Todos los hombres listos somos de ese modo —observó Celipín con petulancia—. Verás tú qué fino y galán voy a ser yo cuando me ponga mi levita y mi sombrero de una tercia de alto. Y también me calzaré las manos con eso que llaman guantes, que no pienso quitarme nunca como no sea sino para tomar el pulso... Tendré un bastón con una porra dorada y me vestiré..., eso sí, en mis carnes no se pone sino paño fino... ¡Córcholis! Te vas a reír cuando me veas.

Tercia: Tercio.

—No pienses todavía en esas cosas de remontarte mucho, que eres más pelado que un huevo —le dijo ella—. Vete poquito a poquito, hoy me aprendo esto, mañana lo otro. Yo te aconsejo que antes de aprender eso de curar a los enfermos, debes aprender a escribir para que pongas una carta a tu madre pidiéndole perdón, y diciéndole que te has ido de tu casa para afinarte, hacerte como don Teodoro y ser un médico muy cabal.

—Calla, mujer... ¿Pues qué, creías que la escritura no es lo primero?... Deja tú que yo coja una pluma en la mano, y verás qué rasgueo de letras y qué perfiles finos para arriba y para abajo, como la firma de don Francisco Penáguilas... ¡Escribir!, a mí con esas... A los cuatro días verás qué cartas pongo... Ya las oirás leer, y verás qué *conceitos* los míos y qué modo aquel de echar *retólicas* que os dejen bobos a todos. ¡Córcholis! Nela, tú no sabes que yo tengo mucho talento. Lo siento aquí dentro de mi cabeza, haciéndome *burumbum, burumbum,* como el agua de la caldera de vapor... Como que no me deja dormir, y pienso que es que todas las ciencias se me entran aquí, y andan dentro volando a tientas como los murciélagos y diciéndome que las estudie. Todas, todas las ciencias las he de aprender, y ni una sola se me ha de quedar... Verás tú...[1]

[1] De nuevo en este capítulo se intenta caracterizar al personaje de Celipín mediante el lenguaje, a base de la exclamación antes citada (*¡Córcholis!*) y de buen número de expresiones coloquiales o vulgares, como *Miá* (mira) y, más adelante, *retólicas* (retóricas), *conceítos* (conceptos). Se trata así mismo de la única figura «de donaire», asimilable a los graciosos del teatro del Siglo de Oro. El humorismo con el que el narrador contempla al muchacho se advierte ya desde el hiperbólico título del capítulo: «El doctor Celipín».

—Pues debe de haber muchas. Pablo Penáguilas, que las sabe todas, me ha dicho que son muchas, y que la vida entera de un hombre no basta para una sola.

—Ríete tú de eso... Ya me verás a mí...

—Y la más bonita de todas es la de don Carlos... Porque mira tú que eso de coger una piedra y hacer con ella latón... Otros dicen que hacen plata y también oro. Aplícate a eso, Celipillo.

—Desengáñate, no hay saber como ese de cogerle a uno la muñeca y mirarle la lengua, y decir al momento en qué hueco del cuerpo tiene aposentado el maleficio... Dicen que don Teodoro le saca un ojo a un hombre y le pone otro nuevo, con el cual ve como si fuera ojo nacido... *Miá* tú que eso de ver un hombre que se está muriendo, y con mandarle tomar, pongo el caso, media docena de mosquitos guisados un lunes con palos de mimbre cogidos por una doncella que se llame Juana, dejarle bueno y sano, es mucho aquel... Ya verás, ya verás cómo se porta don Celipín el de Socartes. Te digo que se ha de hablar de mí hasta en La Habana.

—Bien, bien —dijo la Nela con alegría—; pero mira que has de ser buen hijo, pues si tus padres no quieren enseñarte, es porque ellos no tienen talento, y pues tú lo tienes, pídele por ellos a la Santísima Virgen, y no dejes de mandarles algo de lo mucho que vas a ganar.

—Eso sí lo haré. *Miá* tú, aunque me voy de la casa, no es que quiera mal a mis padres, y ya verás cómo dentro de poco tiempo ves venir un mozo de la estación cargado que se revienta con unos grandes paquetes. ¿Y qué será? Pues refajos para mi madre y mis hermanas y un sombrero alto para mi padre. A ti puede que te mande también un par de pendientes.

Refajo: Falda que usan las mujeres, unas veces como prenda interior y otras encima de las enaguas.

—Muy pronto regalas —dijo la Nela sofocando la risa—. ¡Pendientes para mí!...

—Pero ahora se me está ocurriendo una cosa. ¿Quieres que te la diga? Pues es que tú debías venir conmigo, y siendo dos, nos ayudaríamos a ganar y a aprender. Tú también tienes talento, que eso del pesquis a mí no se me escapa, y bien podías llegar a ser señora, como yo caballero. ¡Que me había de reír si te viera tocando el piano como doña Sofía!

Pesquis: Ingenio.

—¡Qué bobo eres! Yo no sirvo para nada. Si fuera contigo sería un estorbo para ti.

—Ahora dicen que van a dar vista a don Pablo, y cuando él tenga vista nada tienes tú que hacer en Socartes. ¿Qué te parece mi idea?... ¿No respondes?

Pasó algún tiempo sin que la Nela contestara nada. Preguntó de nuevo Celipín, sin obtener respuesta.

—Duérmete, Celipín —dijo al fin la de las cestas—. Yo tengo mucho sueño.

—Como mi talento me deje dormir, a la buena de Dios.

Un minuto después se veía a sí mismo en figura semejante a la de don Teodoro Golfín, poniendo ojos nuevos en órbitas viejas, claveteando piernas rotas, y arrancando criaturas a la muerte mediante copiosas tomas de mosquitos guisados un lunes con palos de mimbre cogidos por una doncella. Viose cubierto de riquísimos paños, con las manos aprisionadas en guantes olorosos y arrastrado en coche, del cual tiraban cisnes, que no caballos, y llamado por reyes, o solicitado de reinas, por honestas damas requerido, alabado de magnates y llevado en triunfo por los pueblos todos de la tierra.

13

Entre dos cestas

LA NELA CERRÓ SUS CONCHAS PARA ESTAR MÁS SOLA. Sigámosla; penetremos en su pensamiento.[1] Pero antes conviene hacer algo de historia.

Habiendo carecido absolutamente de instrucción en su edad primera, habiendo carecido también de las sugestiones cariñosas que enderezan el espíritu de un modo seguro al conocimiento de ciertas verdades, habíase formado Marianela en su imaginación poderosa un orden de ideas muy singular, una teogonía extravagante y un modo rarísimo de apreciar las causas y los efectos de las cosas. La idea de Teodoro Golfín era exacta al comparar el espíritu de la Nela con los pueblos primitivos. Como en estos, dominaba en ella el sentimiento y la fascinación de lo maravilloso; creía en poderes sobrenaturales, distintos del único y grandioso Dios, y veía en los objetos de la Naturaleza personalidades vagas que no carecían de modos de comunicación con los hombres.

Teogonía: Tratado sobre el origen de los dioses (metáfora), visión del mundo.

A pesar de esto, la Nela no ignoraba completamente el Evangelio. Jamás le fue bien enseñado, pero había oído hablar de él. Veía que la gente iba a una ceremonia que llamaban Misa; tenía idea de un sacrificio sublime; mas sus nociones no pasaban de aquí. Habíase

[1] Al describir la novela realista se habla del «narrador omnisciente», conocedor de todos los resquicios de la trama y capaz de informarnos de cualquier detalle del interior o exterior de los personajes. Aquí tenemos un ejemplo de su manera de actuar: de improviso el autor nos invita a viajar por el interior de la mente de Nela.

acostumbrado a respetar, en virtud de un sentimentalismo contagioso, al Dios crucificado; sabía que aquello debía besarse; sabía además algunas oraciones aprendidas de rutina; sabía que todo aquello que no se poseía debía pedirse a Dios, pero nada más. El horrible abandono en que había estado su inteligencia hasta el tiempo de su amistad con el señorito de Penáguilas era causa de esto. Y la amistad con aquel ser extraordinario, que desde su oscuridad exploraba con el valiente ojo de su pensamiento infatigable los problemas de la vida, había llegado tarde. En el espíritu de la Nela estaba ya petrificado lo que podremos llamar su filosofía, hechura de ella misma, un no sé qué de paganismo y de sentimentalismo, mezclados y confundidos. Debemos añadir que María, a pesar de vivir tan fuera del elemento común en que todos vivimos, mostraba casi siempre buen sentido, y sabía apreciar sesudamente las cosas de la vida, como se ha visto en los consejos que daba a Celipín. La grandísima valía de su alma explica esto.

La más notable tendencia de su espíritu era la que la impulsaba con secreta pasión a amar la hermosura física, dondequiera que se encontrase. No hay nada más natural, tratándose de un ser criado en soledad profunda bajo el punto de vista de la sociedad y de la ciencia, y en comunicación abierta y constante, en trato familiar, digámoslo así, con la Naturaleza, poblada de bellezas imponentes o graciosas, llena de luz y colores, de murmullos elocuentes y de formas diversas. Pero Marianela había mezclado con su admiración el culto, y siguiendo una ley, propia también del estado primitivo, había personificado todas las bellezas que adoraba en una sola, ideal y con forma humana. Esta belleza era la Virgen María, adquisición hecha por ella en los dominios del Evangelio, que tan imperfectamente poseía. La Virgen María no habría sido para ella el ideal más querido, si a sus perfecciones morales no reuniera todas las hermosuras, guapezas y donaires del orden físico, si no tuviera una cara noblemente hechicera y seductora, un semblante humano y divino al mismo tiempo, que a ella le parecía resumen y cifra de toda la luz del mundo, de toda la melancolía y paz sabrosa de la noche, de la música de los arroyos, de la gracia y elegancia de todas las flores, de la frescura del rocío, de los suaves quejidos del viento, de la inmaculada nieve de las montañas, del cariñoso mirar de las estrellas y de la pompos majestad de las nubes cuando gravemente discurren por la inmensidad del cielo.

Ceñuda: Con expresión severa.

Han menester: Necesitan.

La persona de Dios representábasele terrible y ceñuda, más propia para infundir respeto que cariño. Todo lo bueno venía de la Virgen María, y a la Virgen debía pedirse todo lo que han menester las criaturas. Dios reñía y ella sonreía.[2] Dios castigaba y ella perdonaba. No es esta última idea tan rara para que llame la atención. Casi rige en absoluto a las clases menesterosas y rurales de nuestro país.

Paganismo: Que practica la religión de los idólatras y paganos.

También es común en estas, cuando se junta un gran abandono a una gran fantasía, la fusión que hacía la Nela entre las bellezas de la Naturaleza y aquella figura encantadora que resume en sí casi todos los elementos estéticos de la idea cristiana. Si a la soledad en que vivía la Nela hubieran llegado menos nociones cristianas de las que llegaron; si su apartamiento del foco de ideas hubiera sido absoluto, su paganismo habría sido entonces completo, y habría adorado la luna, los bosques, el fuego, los arroyos, el sol.

Esta era la Nela que se crió en Socartes, y así llegó a los quince años. Desde esta fecha, su amistad con Pablo y sus frecuentes coloquios con quien poseía tantas y tan buenas nociones modificaron algo su modo de pensar; pero la base de sus ideas no sufrió alteración. Continuaba dando a la hermosura física cierta sobera-

[2] Esta visión del Dios imponente que produce enorme respeto entre la gente sencilla se desarrolla de forma magistral en la novela *Miau*, con la imagen que de Él tiene el niño Luisito Cadalso en los capítulos 17, 29 y 40.

nía augusta; seguía llena de supersticiones y adorando en la Santísima Virgen como un compendio de todas las bellezas naturales; haciendo de esta persona la ley moral y rematando su sistema con las más extrañas ideas respecto a la muerte y la vida futura.

Encerrándose en sus conchas, Marianela habló así:

«Madre de Dios y mía, ¿por qué no me hiciste hermosa? ¿Por qué cuando mi madre me tuvo no me miraste desde arriba?... Mientras más me miro, más fea me encuentro. ¿Para qué estoy yo en el mundo? ¿Para qué sirvo? ¿A quién puedo interesar? A uno solo, Señora y Madre mía, a uno solo que me quiere porque no me ve. ¿Qué será de mí cuando me vea y deje de quererme?...; porque, ¿cómo es posible que me quiera viendo este cuerpo chico, esta figurilla de pájaro, esta tez pecosa, esta boca sin gracia, esta nariz picuda, este pelo descolorido, esta persona mía que no sirve sino para que todo el mundo le dé con el pie? ¿Quién es la Nela? Nadie. La Nela solo es algo para el ciego. Si sus ojos nacen ahora y los vuelve a mí y me ve, caigo muerta... Él es el único para quien la Nela no es menos que los gatos y los perros. Me quiere como quieren los novios a sus novias, como Dios manda que se quieran las personas... Señora Madre mía, ya que vas a hacer el milagro de darle vista, hazme hermosa a mí o mátame, porque para nada estoy en el mundo. Yo no soy nada ni nadie más que para uno solo... ¿Siento yo que recobre la vista? No; eso, no; eso, no. Yo quiero que vea. Daré mis ojos porque él vea con los suyos; daré mi vida toda. Yo quiero que don Teodoro haga el milagro que dicen. ¡Benditos sean los hombres sabios! Lo que no quiero es que mi amo me vea, no. Antes que consentir que me vea, ¡Madre mía!, me enterraré viva; me arrojaré al río... Sí, sí; que se trague la tierra mi fealdad. Yo no debía haber nacido».

Y luego, dando una vuelta en la cesta, proseguía:

«Mi corazón es todo para él. Este cieguecito que ha tenido el antojo de quererme mucho es para mí lo primero del mundo después de la Virgen María. ¡Oh! ¡Si yo fuese grande y hermosa; si tuviera el talle, la cara y el tamaño..., sobre todo el tamaño, de otras mujeres; si yo pudiese llegar a ser señora y componerme!... ¡Ay!, entonces mi mayor delicia sería que sus ojos se recrearan en mí... Si yo fuera como las demás, siquiera como Mariuca..., ¡qué pronto buscaría el modo de instruirme, de afinarme, de ser una señora!... ¡Oh! ¡Madre y Reina mía, lo único que tengo me lo vas a quitar!... ¿Para qué permitiste que le quisiera yo y que él me quisiera a mí? Esto no debió ser así».

Y derramando lágrimas y cruzando los brazos, añadió medio vencida por el sueño:

«¡Ay! ¡Cuánto te quiero, niño de mi alma! Quiéreme mucho, a la Nela, a la pobre Nela, que no es nada... Quiéreme mucho... Déjame darte un beso en tu preciosísima cabeza...; pero no abras los ojos, no me mires..., ciérralos, así, así».[3]

[3] La admirable sinceridad de Marianela y la aplastante lógica de sus ideas convierten este monólogo interior en una de las páginas más intensas e inolvidables del libro.

14

De cómo la Virgen maría se apareció a la Nela

LOS PENSAMIENTOS QUE HUYEN cuando somos vencidos por el sueño suelen quedarse en acecho para volver a ocuparnos bruscamente cuando despertamos. Así ocurrió a Mariquilla, que habiéndose quedado dormida con los pensamientos más raros acerca de la Virgen María, del ciego y de su propia fealdad, que ella deseaba ver trocada en pasmosa hermosura, con ellos mismos despertó cuando los gritos de la Señana la arrancaron de entre sus cestas. Desde que abrió los ojos, la Nela hizo su oración de costumbre a la Virgen María; pero aquel día la oración fue una retahíla compuesta de la retahíla ordinaria de las oraciones y de algunas piezas de su propia invención, resultando un discurso que si se escribiera habría de ser curioso. Entre otras cosas, la Nela dijo:

«Anoche te me has aparecido en sueños, Señora, y me prometiste que hoy me consolarías. Estoy despierta, y me parece que todavía te estoy mirando, y que tengo delante tu cara, más linda que todas las cosas guapas y hermosas que hay en el mundo».

Al decir esto, la Nela revolvía sus ojos con desvarío en derredor de sí... Observándose a sí misma de la manera vaga que podía hacerlo, pensó de este modo: «A mí me pasa algo».

—¿Qué tienes, Nela? ¿Qué te pasa, chiquilla? —le dijo la Señana, notando que la muchacha miraba con atónitos ojos a un punto fijo del espacio—. ¿Estás viendo visiones, marmota?

Marmota: Mujer de pueblo. Criada.

La Nela no respondió, porque estaba su espíritu ocupado en platicar consigo mismo, diciéndose:

«¿Qué es lo que yo tengo?... No puede ser maleficio, porque lo que tengo dentro de mí no es la figura feísima y negra del demonio malo, sino una cosa celestial, una cara, una sonrisa y un modo de mirar que, o yo estoy tonta, o son de la misma Virgen María en persona. Señora y Madre mía, ¿será verdad que hoy me vas a consolar?... ¿Y cómo me vas a consolar? ¿Qué te he pedido anoche?».

—¡Eh... chiquilla! —gritó la Señana, con voz desapacible, como el más destemplado sonido que puede oírse en el mundo—. Ven a lavarte esa cara de perro.

La Nela corrió. Había sentido en su espíritu un sacudimiento como el que produce la repentina invasión de una gran esperanza. Mirose en la trémula superficie del agua, y al instante sintió que su corazón se oprimía.

Trémula: Temblorosa.

«Nada... —murmuró—, tan feíta como siempre. La misma figura de niña con alma y años de mujer».

Después de lavarse, sobrecogiéronla las mismas extrañas sensaciones que había experimentado antes, al modo de congojas placenteras. Marianela, a pesar de su escasa experiencia, tuvo tino para clasificar aquellas sensaciones en el orden de los presentimientos.

Congojas: Tristezas.

«Pablo y yo —pensó— hemos hablado de lo que se siente cuando va a venir una cosa alegre o triste. Pablo me ha dicho también que poco antes de los temblores de tierra se siente una cosa particular, y las personas sienten una cosa particular... y los animales sienten también una cosa particular... ¿Irá a temblar la tierra?».

Arrodillándose tentó el suelo.

«No sé..., pero algo va a pasar. Que es una cosa buena no puedo dudarlo... La Virgen me dijo anoche que hoy me consolaría... ¿Qué es lo que tengo?... ¿Esa Señora celestial anda alrededor de mí? No la veo, pero la siento; está detrás, está delante».

Pasó por junto a las máquinas de lavado, en dirección al plano inclinado, y miraba con despavoridos ojos a todas partes. No veía más que las figuras de barro crudo que se agitaban con gresca infernal en medio del áspero bullicio de las cribas cilíndricas, pulverizando el agua y humedeciendo el polvo. Más adelante, cuando se vio sola, se detuvo, y poniéndose el dedo en la frente y clavando los ojos en el suelo con la vaguedad que imprime a aquel sentido la duda, se hizo esta pregunta: «¿Pero yo estoy alegre o estoy triste?».

Vaguedad: Ambigüedad, imprecisión.

Miró después al cielo, admirándose de hallarlo lo mismo que todos los días (y era aquel de los más hermosos), y avivó el paso para llegar pronto a Aldeacorba de Suso. En vez de seguir la cañada de las minas para subir por la escalera de palo, se apartó de la hondonada por el regato que hay junto al plano inclinado, con objeto de subir a las praderas y marchar después derecha y por camino llano a Aldeacorba. Este camino era más bonito, y por eso lo prefería casi siempre. Había callejas pobladas de graciosas y aromáticas flores, en cuya multitud pastaban rebaños de abejas y mariposas; había grandes zarzales llenos del negro fruto que tanto apetecen los chicos; había grupos de guinderos, en cuyos troncos se columpiaban las madreselvas, y había también corpulentas encinas, grandes, anchas, redondas, hermosas, oscuras, que parece se recreaban contemplando su propia sombra.

Cañada: Paso estrecho entre montes.

Guindero: Guindo. Árbol, parecido al cerezo, del que nace la guinda.

La Nela seguía andando despacio, inquieta de lo que en sí misma pasaba y de la angustia deliciosa que la embargaba. Su imaginación fecunda supo, al fin, hallar la fórmula más propia para expresar aquella obsesión, y recordando haber oído decir: *Fulano o Zutano tienen los demonios en el cuerpo,* ella dijo: «Yo tengo los ángeles en el cuerpo... Virgen María, tú estás hoy conmigo. Esto que siento son las carcajadas de tus ángeles que juegan dentro de mí. Tú no estás lejos, te veo y no te veo, como cuando vemos con los ojos cerrados».

La Nela cerraba los ojos y los volvía a abrir. Habiendo pasado junto a un bosque, dobló el ángulo del camino para llegar a un sitio donde se extendía un

Bardo: Matojo.

Arrimo: Apoyo, sostén.

gran bardo de zarzas, las más frondosas, las más bonitas y crecidas de todo aquel país. También se veían lozanos helechos, madreselvas, parras vírgenes y otras plantas de arrimo, que se sostenían unas a otras por no haber allí grandes troncos. La Nela sintió que las ramas se agitaban a su derecha; miró... ¡Cielos divinos! Allí estaba, dentro de un marco de verdura, la Virgen María Inmaculada, con su propia cara, sus propios ojos, que al mirar ponían en sí mismos toda la hermosura del cielo.[1] La Nela se quedó muda, petrificada, y con una sensación que era al mismo tiempo el fervor y el espanto. No pudo dar un paso, ni gritar, ni moverse, ni respirar, ni apartar sus ojos de aquella aparición maravillosa.

Había aparecido entre el follaje, mostrando completamente todo su busto y cara. Era, sí, la auténtica imagen de aquella escogida doncella de Nazaret, cuya perfección moral han tratado de expresar por medio de la forma pictórica los artistas de dieciocho siglos, desde San Lucas[2] hasta los contemporáneos. La humanidad ha visto esta sacra persona con distintos ojos, ora con los de Alberto Dürer, ora con los de Rafael Sanzio, o bien con los de Van-Dyck o Bartolomé Murillo.[3] Aquella que a la Nela se apareció era según el modo rafaelesco, que es el más sobresaliente de todos, si se atiende a que la perfección de la belleza humana se acerca más que ningún otro recurso artístico a la expresión de la divinidad. El óvalo de su cara era

Rafaelesco: Parecido a las obras realizadas por Rafael.

[1] También Cadalsito cree que se le aparece Dios en los capítulos citados de *Miau*; a continuación llega incluso a conversar con Él. Son manifestaciones del aprecio de Galdós por la religiosidad primitiva e ingenua de las gentes humildes.

[2] Uno de los cuatro evangelistas, que además era pintor, por lo que se le considera el patrono de las Bellas Artes. La «escogida doncella de Nazaret» es perífrasis referida a la Virgen María.

[3] Cuatro figuras consagradas de la pintura clásica europea: *Alberto Dürer* o Durero (1471-1528) fue grabador, dibujante y pintor oriundo de Alemania; *Rafael Sanzio* (1483-1520) está considerado el máximo representante de la pintura renacentista italiana; *Van Dyck* (1599-1641) formó parte de la escuela flamenca; por último Bartolomé Esteban *Murillo* (1617- 1682) fue el más típico pintor religioso del barroco español; entre sus obras destacan la series dedicadas a la Virgen con el Niño.

menos angosto que el del tipo sevillano, ofreciendo la graciosa redondez del tipo itálico. Sus ojos, de admirables proporciones, eran la misma serenidad unida a la gracia, a la armonía, con un mirar tan distinto de la frialdad como del extremado relampagueo de los ojos andaluces. Sus cejas eran delicada hechura del más fino pincel, y trazaban un arco sutil y delicioso. En su frente no se concebían el ceño del enfado ni las sombras de la tristeza, y sus labios, un poco gruesos, dejaban ver al sonreír los más preciosos dientes que han mordido manzana del Paraíso. Sin querer hemos ido a parar a nuestra madre Eva, cuando tan lejos está la que dio el triunfo a la serpiente de la que aplastó su cabeza;[4] pero la consideración de las distintas maneras de la belleza humana conduce a estos y a otros más lamentables contrasentidos. Para concluir el imperfecto retrato de aquella visión divina que dejó desconcertada y como muerta a la pobre Nela, diremos que su tez era de ese color de rosa tostado, o más bien moreno encendido, que forma como un rubor delicioso en el rostro de aquellas divinas imágenes, ante las cuales se extasían lo mismo los siglos devotos que los impíos.

Angosto: Estrecho.

Itálico: Italiano.

Rubor: Sonrojo.

Pasado el primer instante de estupor, lo que primero fue observado por Marianela, causándole gran confusión, fue que la bella Virgen tenía una corbata azul en su garganta, adorno que ella no había visto jamás en las Vírgenes soñadas ni en las pintadas. Inmediatamente observó también que los hombros y el pecho de la divina mujer se cubrían con un vestido, en el cual todo era semejante a los que usan las mujeres del día. Pero lo que más turbó y desconcertó a la pobre muchacha fue ver que la gentil imagen estaba cogiendo moras de zarza... y comiéndoselas.

[4] Se alude aquí a dos conocidos episodios de la Sagrada Escritura: al comer la manzana prohibida en el Paraíso, Eva dio el triunfo a la serpiente (representación del demonio). En el Nuevo Testamento María nos redimió al pisar simbólicamente la cabeza del reptil.

Empezaba a hacer los juicios a que daba ocasión esta extraña conducta de la Virgen,[5] cuando oyó una voz varonil y chillona que decía:

—¡Florentina, Florentina!

—Aquí estoy, papá; aquí estoy comiendo moras silvestres.

—¡Dale!... ¿Y qué gusto le encuentras a las moras silvestres?... ¡Caprichosa!... ¿No te he dicho que eso es más propio de los chicuelos holgazanes del campo que de una señorita criada en la buena sociedad..., criada en la buena sociedad?

La Nela vio acercarse con grave paso al que esto decía. Era un hombre de edad madura, mediano de cuerpo, algo rechoncho, de cara arrebolada y que parecía echar de sí rayos de satisfacción como el sol los echa de luz; pequeño de piernas, un poco largo de nariz, y magnificado con varios objetos decorativos, entre los cuales descollaba una gran cadena de reloj y un fino sombrero de fieltro de alas anchas.

Arrebolada: Encarnada.

—Vamos, mujer —dijo, cariñosamente el señor don Manuel Penáguilas, pues no era otro—, las personas decentes no comen moras silvestres ni dan esos brincos. ¿Ves? Te has estropeado el vestido... No lo digo por el vestido, que así como se te compró ese, se te comprará otro...; dígolo porque la gente que te vea podrá creer que no tienes más ropa que la puesta.

La Nela, que comenzaba a ver claro, observó los vestidos de la señorita de Penáguilas. Eran buenos y ricos; pero su figura expresaba a maravilla la transición no muy lenta del estado de aldeana al de señorita rica. Todo su atavío, desde el calzado a la peineta, era de señorita de pueblo en un día del santo patrono titular. Mas eran tales y tan supinos los encantos naturales de Florentina, que ningún accidente comprendido en las

Supinos: Elevados.

[5] Obsérvese aquí el sutil humorismo del narrador, que adopta el punto de vista de Nela tomando por la Virgen a la bella muchacha que en seguida responde al nombre de Florentina.

convencionales reglas de la elegancia podía oscurecerlos. No podía negarse, sin embargo, que su encantadora persona estaba pidiendo a gritos una rústica saya, un cabello en trenzas y al desgaire con aderezo de amapolas, un talle en justillo, una sarta de corales; en suma, lo que el pudor y el instinto de presunción hubieran ideado por sí, sin mezcla de ninguna invención cortesana.

Saya: Falda.

Al desgaire: De forma descuidada.

En justillo: Ceñido.

Cuando la señorita se apartaba del zarzal, don Manuel acertó a ver a la Nela a punto que esta había caído completamente de su burro, y dirigiéndose a ella, gritó:

—¡Oh!... ¿aquí estás tú?... Mira, Florentina, esta es la Nela..., recordarás que te hablé de ella. Es la que acompaña a tu primito..., a tu primito. ¿Y qué tal te va por estos barrios?...

—Bien, señor don Manuel. ¿Y usted cómo está? —repuso Mariquilla, sin apartar los ojos de Florentina.

—Yo tan campante, ya ves tú. Esta es mi hija. ¿Qué te parece?

Florentina corría detrás de una mariposa.

—Hija mía, ¿adónde vas?, ¿qué es eso? —dijo el padre, visiblemente contrariado—. ¿Te parece bien que corras de ese modo detrás de un insecto como los chiquillos vagabundos?... Mucha formalidad, hija mía. Las señoritas criadas entre la buena sociedad no hacen eso..., no hacen eso...

Don Manuel tenía la costumbre de repetir la última frase de sus párrafos o discursos.

—No se enfade usted, papá —repitió la joven, regresando después de su expedición infructuosa hasta ponerse al amparo de las alas del sombrero paterno—. Ya sabe usted que me gusta mucho el campo y que me vuelvo loca cuando veo árboles, flores, praderas. Como en aquella triste tierra de Campó[6] donde vivimos no hay nada de esto...

[6] Otro topónimo cántabro: la comarca de Campoo se encuentra situada entre el sur de Cantabria y el norte de Palencia; sus dos localidades más conocidas son Reinosa (Cantabria) y Aguilar de Campoo (Palencia).

—¡Oh! No hables mal de Santa Irene de Campó, una villa ilustrada, donde se encuentran hoy muchas comodidades y una sociedad distinguida. También han llegado allá los adelantos de la civilización..., de la civilización. Andando a mi lado juiciosamente puedes admirar la Naturaleza; yo también la admiro sin hacer cabriolas como los volatineros. A las personas educadas entre una sociedad escogida se las conoce solo por el modo de andar y por el modo de contemplar los objetos todos. Eso de estar diciendo a cada instante: «¡Ah!..., ¡oh!..., ¡qué bonito!... ¡Mire usted, papá!», señalando a un helecho, a un roble, a una piedra, a un espino, a un chorro de agua, no es cosa de muy buen gusto... Creerán que te has criado en algún desierto... Conque anda a mi lado... La Nela nos dirá por dónde volveremos a casa, porque, a la verdad, yo no sé dónde estamos.

Cabriolas: Volteretas.

Volatineros: Acróbatas.

—Tirando a la izquierda, por detrás de aquella casa vieja —dijo la Nela—, se llega muy pronto... Pero aquí viene el señor don Francisco.

En efecto, apareció don Francisco gritando:

—¡Que se enfría el chocolate!...

—¡Qué quieres, hombre!... Mi hija estaba tan deseosa de retozar por el campo, que no ha querido esperar, y aquí nos tienes de mata en mata como cabritillas..., de mata en mata como cabritillas.

Retozar: Saltar y brincar alegremente.

—A casa, a casa. Ven tú también, Nela, para que tomes chocolate —dijo Penáguilas, poniendo su mano sobre la cabeza de la vagabunda—. ¿Qué te parece mi sobrina?... Vaya, que es guapa... Florentina, después que toméis chocolate, la Nela os llevará a pasear a entrambos, a Pablo y a ti, y verás todas las hermosuras del país, las minas, el bosque, el río...

Entrambos: Ambos (arcaísmo).

Florentina dirigió una mirada cariñosa a la infeliz criatura, que a su lado parecía hecha expresamente por la Naturaleza para hacer resaltar más la perfección y magistral belleza de algunas de sus obras.

Al llegar a la casa, esperábalos la mesa con las jícaras, donde aún hervía el espeso licor guayaquileño y

Jícara: Taza pequeña.

Guayaquileño: Procedente de Guayaquil, ciudad de Ecuador. Aquí, con licor guayaquileño se refiere al chocolate.

un montoncillo de rebanadas de pan. También estaba en expectativa la mantequilla, puesta entre hojas de helechos, sin que faltaran algunas pastas y golosinas. Los vasos de transparente y fresca agua reproducían en su convexo cristal estas bellezas gastronómicas, agrandándolas.

—Hagamos algo por la vida —dijo don Francisco, sentándose.

—Nela —indicó Pablo—, tú también tomarás chocolate.

No lo había dicho, cuando Florentina ofreció a Marianela el jicarón con todo lo demás que en la mesa había. Resistíase a aceptar el convite; mas con tanta bondad y con tan graciosa llaneza insistió la señorita de Penáguilas, que no hubo más que decir. Miraba de reojo don Manuel a su hija, cual si no se hallara completamente satisfecho de los progresos de ella en el arte de la buena educación, porque una de las partes principales de esta consistía, según él, en una fina apreciación de los distintos grados de urbanidad con que debía obsequiarse a las diferentes personas según su posición, no dando a ninguna ni más ni menos de lo que le correspondía con arreglo al fuero social; y de este modo quedaban todos en su lugar, y la propia dignidad se sublimaba, conservándose en el justo medio de la cortesía, el cual estriba en no ensoberbecerse demasiado delante de los ricos, ni humillarse demasiado delante de los pobres... Luego que fue tomado el chocolate, don Francisco dijo:

Urbanidad: Buenos modales, cortesía, educación.

—Váyase fuera toda la gente menuda. Hijo mío, hoy es el último día que don Teodoro te permite salir fuera de casa. Los tres pueden ir a paseo, mientras mi hermano y yo vamos a echar un vistazo al ganado... Pájaros, a volar.

No necesitaron que se les rogara mucho. Convidados de la hermosura del día, volaron los jóvenes al campo.

15

Los tres

ESTABA LA SEÑORITA DE PUEBLO muy gozosa en medio de las risueñas praderas, sin la enojosa traba de las pragmáticas sociales de su señor padre, y así, en cuanto se vio a regular distancia de la casa, empezó a correr alegremente y a suspenderse de las ramas de los árboles que a su alcance estaban, para balancearse ligeramente en ellas. Tocaba con las yemas de sus dedos las moras silvestres, y cuando las hallaba maduras cogía tres, una para cada boca.

Pragmática: Ley.

—Esta para ti, primito —decía, poniéndosela en la boca—, y esta para ti, Nela. Dejaré para mí la más chica.

Al ver cruzar los pájaros a su lado, no podía resistir movimientos semejantes a una graciosa pretensión de volar y decía: «¿Adónde irán ahora esos bribones?». De todos los robles cogía una rama y, abriendo la bellota para ver lo que había dentro, la mordía, y al sentir su amargor arrojábala lejos. Un botánico atacado del delirio de las clasificaciones no hubiera coleccionado con tanto afán como ella todas las flores bonitas que le salían al paso, dándole la bienvenida desde el suelo con sus carillas de fiesta. Con lo recolectado en media hora adornó todos los ojales de la americana de su primo, los cabellos de la Nela y, por último, sus propios cabellos.

—A la primita —dijo Pablo— le gustará ver las minas. Nela, ¿no te parece que bajemos?

—Sí, bajemos... Por aquí, señorita. —Pero no me hagan pasar por túneles, que me da mucho miedo. Eso sí que no lo consiento —repuso Florentina, siguiéndoles—. Primo, ¿tú y la Nela paseáis mucho por aquí? Esto es precioso. Aquí viviría yo toda mi vida... ¡Bendito sea el hombre que te va a dar la facultad de gozar de todas estas preciosidades!

—¡Dios lo quiera! Mucho más hermosas me parecerán a mí, que jamás las he visto, que a vosotras, que estáis saciadas de verlas... No creas tú, Florentina, que yo no comprendo las bellezas: las siento en mí de tal modo, que casi, casi suplo con mi pensamiento la falta de vista.

—Eso sí que es admirable... Por más que digas —replicó Florentina—, siempre te resultarán algunos buenos chascos cuando abras los ojos.

—Podrá ser —dijo el ciego, que aquel día estaba muy lacónico.

Lacónico: Escueto.

La Nela no estaba lacónica, sino muda.

Cuando se acercaron a la concavidad de la Terrible, Florentina admiró el espectáculo sorprendente que ofrecían las rocas cretáceas, subsistentes en medio del terreno después de arrancado el mineral. Comparolo a grandes grupos de bollos, pegados unos a otros por el azúcar; después de mirarlo mucho por segunda vez, comparolo a una gran escultura de perros y gatos que se habían quedado convertidos en piedra en el momento más crítico de una encarnizada reyerta.

Cretácea: Cretácica. Perteneciente al último período geológico de la Era Secundaria en la formación de la Tierra.

Reyerta: Pelea.

—Sentémonos en esta ladera —dijo—, y veremos pasar los trenes con mineral, y además veremos esto, que es muy curioso. Aquella piedra grande que está en medio tiene su gran boca, ¿no la ves, Nela?, y en la boca tiene un palillo de dientes; es una planta que ha nacido sola. Parece que se ríe mirándonos, porque también tiene ojos; y más allá hay una con joroba, y otra que fuma en pipa, y dos que se están tirando de los pelos, y una que bosteza, y otra que duerme la mona, y otra que está boca abajo, sosteniendo con los pies una catedral, y otra que empieza en guitarra y acaba en cabeza de perro, con una cafetera por gorro.

—Todo eso que dices, primita —observó el ciego—, me prueba que con los ojos se ven muchos disparates, lo cual indica que ese órgano tan precioso sirve a veces para presentar las cosas desfiguradas, cambiando los objetos de su natural forma en otra postiza y fingida; Pues en lo que tienes delante de ti no hay confituras, ni gatos, ni hombres, ni palillos de dientes, ni catedrales, ni borrachos, ni cafeteras, sino simplemente rocas cretáceas y masas de tierra caliza, embadurnadas con óxido de hierro. De la cosa más sencilla hacen tus ojos un berenjenal.

Berenjenal: Asunto complicado.

—Tienes razón, primo. Por eso digo yo que nuestra imaginación es la que ve y no los ojos... Sin embargo, estos sirven para enterarnos de algunas cositas que los pobres no tienen y que nosotros podemos darles.

Diciendo esto, tocaba el vestido de la Nela.

—¿Por qué esta bendita Nela no tiene un traje mejor? —añadió la señorita de Penáguilas—. Yo tengo varios y le voy a dar uno, y además otro, que será nuevo.

Avergonzada y confusa, Marianela no alzaba los ojos.

—Es cosa que no comprendo... ¡Que algunos tengan tanto y otros tan poco!... Me enfado con papá cuando le oigo decir palabrotas contra los que quieren que se reparta por igual todo lo que hay en el mundo. ¿Cómo se llaman esos tipos, Pablo?

—Esos serán los socialistas, los comunistas —replicó el joven sonriendo.

—Pues esa es mi gente. Soy partidaria de que haya reparto y de que los ricos den a los pobres todo lo que tengan de sobra... ¿Por qué esta pobre huérfana ha de estar descalza y yo no?... Ni aun se debe permitir que estén desamparados los malos, cuanto más los buenos... Yo sé que la Nela es muy buena; me lo has dicho tú anoche, me lo ha dicho también tu padre... No tiene familia, no tiene quien mire por ella. ¿Cómo se consiente que haya tanta y tanta desgracia? A mí me quema el pan la boca cuando pienso que hay muchos que no lo prueban. ¡Pobre Mariquita, tan buena y tan abandonada!... ¡Es posible que hasta ahora no la haya querido nadie, ni nadie le haya dado un beso, ni nadie le haya hablado como se habla a las criaturas!... Se me parte el corazón de pensarlo.

Marianela estaba atónita y petrificada de asombro, lo mismo que en el primer instante de la aparición. Antes había visto a la Virgen Santísima, ahora la escuchaba.

—Mira tú, huerfanilla —añadió la Inmaculada—, y tú, Pablo, óyeme bien: yo quiero socorrer a la Nela, no como se socorre a los pobres que se encuentran en un camino, sino como se socorrería a un hermano que nos halláramos de manos a boca... ¿No dices tú que ella ha sido tu mejor compañera, tu lazarillo, tu guía en las tinieblas? ¿No dices que has visto con sus ojos y has andado con sus pasos? Pues la Nela me pertenece; yo me entiendo con ella. Yo me encargo de vestirla, de darle todo lo que una persona necesita para vivir decentemente, y le enseñaré mil cosas para que sea útil en una casa. Mi padre dice que quizás, quizás me tenga que quedar a vivir aquí para siempre. Si es así, la Nela vivirá conmigo; conmigo aprenderá a leer, a rezar, a coser, a guisar; aprenderá tantas cosas, que será como yo misma. ¿Qué pensáis? Pues sí, y entonces no será la Nela, sino una señorita. En esto no me contrariará mi padre. Además, anoche me ha dicho: «Florentinilla, quizás, quizás dentro de poco, no mandaré yo en ti; obedecerás a otro dueño...». Sea lo que Dios quiera, tomo a la Nela por mi amiga. ¿Me querrás mucho?... Como has estado tan desamparada, como vives lo mismo que las flores de los campos, tal vez no sepas ni siquiera agradecer, pero yo te lo he de enseñar..., ¡te he de enseñar tantas cosas!

De manos a boca: De repente, impensadamente.

Marianela, que mientras oía tan nobles palabras había estado resistiendo con mucho trabajo los impulsos de llorar, no pudo, al fin, contenerlos, y después de hacer pucheros durante un minuto rompió en lágrimas. El ciego, profundamente pensativo, callaba.

—Florentina —dijo, al fin—, tu lenguaje no se parece al de la mayoría de las personas. Tu bondad es enorme y entusiasta como la que ha llenado de mártires la tierra y poblado de santos el cielo.

—¡Qué exageración! —dijo Florentina riendo.

Poco después de esto, la señorita se levantó para coger una flor que desde lejos había llamado su atención.

—¿Se fue? —preguntó Pablo.

—Sí —replicó la Nela, enjugando sus lágrimas.

—¿Sabes una cosa, Nela?... Se me figura que mi prima ha de ser algo bonita. Cuando llegó anoche, a las diez..., sentí hacia ella grandísima antipatía... No puedes figurarte cuánto me repugnaba. Ahora se me antoja, sí, se me antoja que debe de ser algo bonita.

La Nela volvió a llorar.

—¡Es como los ángeles! —exclamó, entre un mar de lágrimas . Es como si acabara de bajar del Cielo. En ella, cuerpo y alma son como los de la Santísima Virgen María.

—¡Oh!, no exageres —dijo Pablo con inquietud—. No puede ser tan hermosa como dices... ¿Crees que yo, sin ojos, no comprendo dónde está la hermosura y dónde no?

—No, no; no puedes comprenderlo..., ¡qué equivocado estás!

—Sí, sí...; no puede ser tan hermosa —manifestó el ciego, poniéndose pálido y revelando la mayor angustia—. Nela, amiga de mi corazón, ¿no sabes lo que mi padre me ha dicho anoche?... que si recobro la vista me casaré con Florentina.

La Nela no respondió nada. Sus lágrimas silenciosas corrían sin cesar, resbalando por su tostado rostro y goteando sobre sus manos. Pero ni aun por su amargo llanto podían conocerse las dimensiones de su dolor. Solo ella sabía que era infinito.

—Ya sé por qué lloras tanto —dijo el ciego, estrechando las manos de su compañera—. Mi padre no se empeñará en imponerme lo que es contrario a mi voluntad. Para mí no hay más mujer que tú en el mundo. Cuando mis ojos vean, si ven, no habrá para ellos otra hermosura más que la tuya celestial; todo lo demás serán sombras y cosas lejanas que no fijarán mi atención. ¿Cómo es el semblante humano, Dios mío? ¿De qué modo se retrata el alma en las caras? Si la luz no sirve para enseñarnos un nuevo lado de nuestro pensamiento, ¿para qué sirve? Lo que es y lo que se siente, ¿no son una misma cosa? La forma y la idea, ¿no son como el calor y el fuego? ¿Pueden separarse? ¿Puedes dejar tú de ser para mí el más hermoso, el más amado de todos los seres de la tierra, cuando yo me haga dueño de los inmensos dominios de la forma?

Florentina volvió. Hablaron algo más; pero después de lo que hemos escrito, nada de cuanto dijeron es digno de ser transmitido al lector[1].

[1] De nuevo el narrador ominisciente hace ostentación irónica de su completo dominio de la materia novelesca.

16

La promesa

En los siguientes días no pasó nada; mas vino uno en el cual ocurrió un hecho asombroso, capital, culminante. Teodoro Golfín, aquel artífice sublime en cuyas manos el cuchillo del cirujano parecía el cincel del genio, había emprendido la corrección de una delicada hechura de la Naturaleza. Intrépido y sereno, había entrado con su ciencia y su experiencia en el maravilloso recinto cuya construcción es compendio y abreviado resumen de la inmensa arquitectura del Universo. Era preciso hacer frente a los más grandes misterios de la vida, interrogarlos y explorar las causas que impedían a los ojos de un hombre el conocimiento de la realidad visible. Para esto era preciso trabajar con ánimo resuelto, rompiendo uno de los más delicados organismos: la córnea; apoderarse del cristalino y echarlo fuera, respetando la hialoides y tratando con la mayor consideración al humor vítreo; ensanchar por medio de un corte las dimensiones de la pupila y examinar por inducción o por medio de la catóptrica la cámara posterior.

Compendio: Síntesis.

Córnea: Membrana transparente en forma de disco abombado, que se halla delante del iris y forma el segmento anterior de la túnica fibrosa del ojo.

Pocas palabras siguieron a esta atrevida expedición por el interior de un mundo microscópico, empresa no menos colosal que la medida de la distancia de los astros en las infinitas magnitudes del espacio. Mudos y espantados estaban los individuos de la familia que el caso presenciaban. Cuando se espera la resurrección de un muerto o la creación de un mundo, no se está de

Hialoides: Membrana del ojo que cubre el humor vítreo.

Catóptrica: Revisión realizada con aparatos que examinan el ojo mediante luz refleja.

otro modo. Pero Golfín no decía nada concreto; sus palabras eran:

—Contractibilidad de la pupila...; retina sensible...; algo de estado pigmentario...; nervios llenos de vida.[1]

Pero el fenómeno sublime, el hecho, el hecho irrecusable, la visión, ¿dónde estaba?

—A su tiempo se sabrá —dijo Teodoro, empezando la delicada operación del vendaje—. Paciencia.

Y su fisonomía de león no expresaba desaliento ni triunfo; no daba esperanza ni la quitaba. La ciencia había hecho todo lo que sabía. Aquí era un simulacro de creación, como otros muchos que son gloria y orgullo del siglo XIX. En presencia de tanta audacia, la Naturaleza, que no permite sean sorprendidos sus secretos, continuaba muda y reservada.

El paciente fue incomunicado con absoluto rigor. Solo su padre le asistía. Ninguno de la familia podía verle.

Portalada: Entrada monumental a una casa rica.

Prolijas: Complejas, abundantes.

Iba la Nela a preguntar por el enfermo cuatro o cinco veces; pero no pasaba de la portalada, aguardando allí hasta que salieran el señor don Manuel, su hija o cualquiera otra persona de la casa. La señorita, después de darle prolijas noticias y de pintar la ansiedad en que estaba toda la familia, solía pasear un poco con ella. Un día quiso Florentina que Marianela le enseñara su casa, y bajaron a la morada de Centeno, cuyo interior causó no poco disgusto y repugnancia a la señorita, mayormente cuando vio las cestas que a la huérfana servían de cama.

—Pronto ha de venir la Nela a vivir conmigo —dijo Florentina, saliendo a toda prisa de aquella caverna—, y entonces tendrá una cama como la mía, y vestirá y comerá lo mismo que yo.

[1] La fascinación que los avances científicos ejercieron sobre los escritores realistas y naturalistas se observa en el tono casi épico con el que se describe aquí la intervención de Teodoro Golfín en los ojos de Pablo. *Contractibilidad de la pupila, retina sensible y estado pigmentario* son elementos que se tienen en cuenta a la hora de examinar con detalle el fondo del ojo.

Absorta se quedó al oír estas palabras la señora de Centeno, así como la Mariuca y la Pepina, y no les ocurrió sino que a la miserable huérfana abandonada le había salido algún padre rey o príncipe, como se contaba en los cuentos y romances.

Absorta: Pensativa.

Cuando estuvieron solas, Florentina dijo a María:

—Ruégale a Dios de día y de noche que conceda a mi querido primo ese don que nosotros poseemos y de que él ha carecido. ¡En qué ansiedad tan grande vivimos! Con su vista vendrán mil felicidades y se remediarán muchos males. Yo he hecho a la Virgen una promesa sagrada: he prometido que, si da la vista a mi primo, he de recoger al pobre más pobre que encuentre, dándole todo lo necesario para que pueda olvidar completamente su pobreza, haciéndole enteramente igual a mí por las comodidades y el bienestar de la vida. Para esto no basta vestir a una persona, ni sentarla delante de una mesa donde haya sopa y carne. Es preciso ofrecerle también aquella limosna que vale más que todos los mendrugos y que todos los trapos imaginables, y es la consideración, la dignidad, el nombre. Yo daré a mi pobre estas cosas, infundiéndole el respeto y la estimación de sí mismo. Ya he escogido a mi pobre. María, mi pobre eres tú. Con todas las voces de mi alma le he dicho a la Santísima Virgen que, si devuelve la vista a mi primo, haré de ti una hermana: serás en mi casa lo mismo que soy yo, serás mi hermana.

Diciendo esto, la Virgen estrechó con amor entre sus brazos la cabeza de la Nela y diole un beso en la frente.

Es absolutamente imposible describir los sentimientos de la vagabunda en aquella culminante hora de su vida. Un horror instintivo la alejaba de la casa de Aldeacorba, horror con el cual se confundía la imagen de la señorita de Penáguilas, como las figuras que se nos presentan en una pesadilla, y al mismo tiempo sentía nacer en su alma admiración y simpatía considerables hacia aquella misma persona... A veces creía con pue-

Pueril: Infantil.

Aversión: Odio.

ril inocencia que era la Virgen María en esencia y presencia. De tal modo comprendía su bondad, que creía estar viendo, como el interior de un hermoso paraíso abierto, el alma de Florentina, llena de pureza, de amor, de bondades, de pensamientos discretos y consoladores. La Nela tenía la rectitud suficiente para adoptar y asimilarse al punto la idea de que no podría aborrecer a su improvisada hermana. ¿Cómo aborrecerla, si se sentía impulsada espontáneamente a amarla con todas las fuerzas de su alma? La aversión, la repulsión eran como un sedimento que al fin de la lucha debía quedar en el fondo para descomponerse al cabo y desaparecer, sirviendo sus elementos para alimentar la admiración y el respeto hacia la misma amiga bienhechora. Pero si desaparecía la aversión, no así el sentimiento que la había causado, el cual, no pudiendo florecer por sí ni manifestarse solo, con el exclusivismo avasallador que es condición propia de tales efectos, produjole un aplanamiento moral que trajo consigo la más amarga tristeza. En casa de Centeno observaron que la Nela no comía, que parecía más parada que de costumbre, que permanecía en silencio y sin movimiento como una estatua larguísimos ratos; que hacía mucho tiempo que no cantaba de noche ni de día. Su incapacidad para todo había llegado a ser absoluta, y habiéndole mandado Tanasio por tabaco a la *Primera de Socartes*, sentose en el camino y allí se estuvo todo el día.

Una mañana, cuando habían pasado ocho días después de la operación, fue a casa del ingeniero jefe, y Sofía le dijo:

¡Albricias!: Enhorabuena.

—¡Albricias, Nela! ¿No sabes las noticias que corren? Hoy han levantado la venda a Pablo... Dicen que ve algo, que ya tiene vista... Ulises, el jefe de taller, lo acaba de decir... Teodoro no ha venido aún, pero Carlos ha ido allá; muy pronto sabremos si es verdad.

Quedose la Nela, al oír esto, más muerta que viva, y cruzando las manos exclamó así:

—¡Bendita sea la Virgen Santísima, que es quien lo ha hecho!... Ella, ella sola es quien lo ha hecho.

—¿Te alegras?... Ya lo creo; ahora la señorita Florentina cumplirá su promesa —dijo Sofía en tono de mofa—. Mil enhorabuenas a la señora doña Nela... Ahí tienes tú cómo, cuando menos se piensa, se acuerda Dios de los pobres. Esto es como una lotería... ¡Qué premio gordo, Nelilla!... Y puede que no seas agradecida...; no, no lo serás... No he conocido a ningún pobre que tenga agradecimiento. Son soberbios, y mientras más se les da más quieren... Ya es cosa hecha que Pablo se casará con su prima: es buena pareja; los dos son guapos chicos, y ella no parece tonta..., y tiene una cara preciosa, ¡qué lástima de cara y de cuerpo con aquellos vestidos tan horribles! No, no, si necesito vestirme, no me traigan acá a la modista de Santa Irene de Campó.

Esto decía, cuando entró Carlos. Su rostro resplandecía de júbilo.

—¡Triunfo completo! —gritó desde la puerta—. Después de Dios, mi hermano Teodoro.

—¿Es cierto?...

—Como la luz del día... Yo no lo creí ¡Pero qué triunfo, Sofía, qué triunfo! No hay para mí gozo mayor que ser hermano de mi hermano... Es el rey de los hombres. Si es lo que digo: después de Dios, Teodoro.

17

Fugitiva y meditabunda

La estupenda y gratísima nueva corrió por todo Socartes. No se hablaba de otra cosa en los hornos, en los talleres, en las máquinas de lavar, en el plano inclinado, en lo profundo de las excavaciones y en lo alto de los picos, al aire libre y en las entrañas de la tierra. Añadíanse interesantes comentarios: que en Aldeacorba se creyó por un momento que don Francisco Penáguilas había perdido la razón; que don Manuel Penáguilas pensaba celebrar el regocijado suceso dando un banquete a cuantos trabajaban en las minas, y, finalmente, que don Teodoro era digno de que todos los ciegos habidos y por haber le pusieran en las niñas de sus ojos.

La Nela no se atrevía a ir a la casa de Aldeacorba. Una secreta fuerza poderosa la alejaba de ella. Anduvo vagando todo el día por los alrededores de la mina, contemplando desde lejos la casa de Penáguilas, que le parecía transformada. En su alma se juntaba, a un gozo extraordinario, una como vergüenza de sí misma; a la exaltación de un afecto noble, la insoportable comezón, digámoslo así, del amor propio más susceptible.

Congojosas: Angustiosas.

Halló una tregua a las congojosas batallas de su alma en la madre soledad, que tanto había contribuido a la formación de su carácter, y en la contemplación de las hermosuras de la Naturaleza, que siempre le facilitaba extraordinariamente la comunicación de su pensamiento con la Divinidad. Las nubes del cielo y las flores de la tierra hacían en su espíritu efecto igual al que hacen en otros la pompa de los altares, la elocuencia de los oradores cristianos y las lecturas de sutiles conceptos místicos. En la soledad del campo pensaba ella y decía mentalmente mil cosas, sin sospechar que eran oraciones. Mirando a Aldeacorba, decía:

Místicos: Relativo a la mística o parte de la teología que trata de la unión del hombre con la divinidad, de los grados de esta unión y sobre todo de la contemplación de Dios.

«No volveré más allá... Ya acabó todo para mí... Ahora, ¿de qué sirvo yo?».

En su rudeza pudo observar que el conflicto en que estaba su alma provenía de no poder aborrecer a nadie. Por el contrario, érale forzoso amar a todos, al amigo y al enemigo; y así como los abrojos se trocaban en flores bajo la mano milagrosa de una mártir cristiana, la Nela veía que sus celos y su despecho se convertían graciosamente en admiración y gratitud. Lo que no sufría metamorfosis era aquella pasioncilla que antes llamamos vergüenza de sí misma, y que la impulsaba a eliminar su persona de todo lo que pudiera ocurrir en lo sucesivo en Aldeacorba. Era aquello como un aspecto singular del mismo sentimiento que en los seres educados y civilizados se llama amor propio, por más que en ella revistiera los caracteres del desprecio de sí misma; pero la filiación de aquel sentimiento con el que tan grande parte tiene en las acciones del hombre culto se reconocía en que estaba basado, como este, en la dignidad más puntillosa.[1] Si Marianela usara ciertas voces, habría dicho:

Abrojos: Espinas.

Metamorfosis: Cambio.

Filiación: Origen.

«Mi dignidad no me permite aceptar el atroz desaire que voy a recibir. Puesto que Dios quiere que sufra esta humillación, sea; pero no he de asistir a mi destronamiento. Dios bendiga a la que por ley natural va a ocupar mi puesto; pero no tengo valor para sentarla yo misma en él».

No pudiendo expresarse así, su rudeza expresaba la misma idea de este otro modo:

[1] Otro ejemplo de introspección: el narrador omnisciente bucea en el interior de Nela para trasmitirnos y comentarnos sus íntimas reflexiones.

«No vuelvo más a Aldeacorba... No consentiré que me vea... Huiré con Celipín, o me iré con mi madre. Ahora yo no sirvo para nada».

Pero mientras esto decía, parecíale muy desconsolador renunciar al divino amparo de aquella celestial Virgen que se le había aparecido en lo más negro de su vida extendiendo su manto para abrigarla. ¡Ver realizado lo que tantas veces había visto en sueños palpitando de gozo, y tener que renunciar a ello!... ¡Sentirse llamada por una voz cariñosa, que le ofrecía amor fraternal, hermosa vivienda, consideración, nombre, bienestar, y no poder acudir a este llamamiento, inundada de gozo, de esperanza, de gratitud!... ¡Rechazar la mano celestial que la sacaba de aquella sentina de degradación y miseria para hacer de la vagabunda una persona y elevarla de la jerarquía de los animales domésticos a la de los seres más respetados y queridos!...[2]

Sentina: Pozo de inmundicias.

«¡Ay! —exclamó, clavándose los dedos como garras en el pecho—. No puedo, no puedo... Por nada del mundo me presentaré en Aldeacorba. ¡Virgen de mi alma, ampárame!... ¡Madre mía, ven por mí!...».

Al anochecer marchó a su casa. Por el camino encontró a Celipín con un palito en la mano y en la punta del palo la gorra.

—Nelilla —le dijo el chico—, ¿no es verdad que así se pone el señor don Teodoro? Ahora pasaba por la charca de Hinojales y me miré en el agua. ¡Córcholis!, me quedé pasmado, porque me vi con la *mesma* figura que don Teodoro Golfín... Cualquier día de esta semanita nos vamos a ser médicos y hombres de provecho... Ya tengo juntado lo que quería. Verás cómo nadie se ríe del señor de Celipín.

Tres días más estuvo la Nela fugitiva, vagando por los alrededores de las minas, siguiendo el curso del río

[2] En este párrafo la introspección se lleva a cabo —al igual que en algún pasaje anterior— mediante el uso del estilo indirecto libre; obsérvese cómo se han eliminado los verbos que expresan acciones de hablar o pensar.

por sus escabrosas riberas o internándose en el sosegado apartamiento del bosque de Saldeoro. Las noches pasábalas entre sus cestas, sin dormir. Una noche dijo tímidamente a su compañero de vivienda:

Escabrosas: Peligrosas.

—¿Cuándo, Celipín?

Y Celipín contestó con la gravedad de un expedicionario formal:

—Mañana.

Los dos aventureros levantáronse al rayar el día y cada cual fue por su lado: Celipín, a su trabajo; la Nela, a llevar un recado que le dio Señana para la criada del ingeniero. Al volver encontró dentro de la casa a la señorita Florentina, que la esperaba. Quedose María al verla sobrecogida y temerosa, porque adivinó con su instintiva perspicacia, o más bien con lo que el vulgo llama corazonada, el objeto de aquella visita.

Perspicacia: Ingenio.

—Nela, querida hermana —dijo la señorita con elocuente cariño—. ¿Qué conducta es la tuya? ¿Por qué no has parecido por allá en todos estos días?... Ven, Pablo desea verte... ¿No sabes que ya puede decir: «Quiero ver tal cosa»? ¿No sabes que ya mi primo no es ciego?

—Ya lo sé —dijo la Nela, tomando la mano que la señorita le ofrecía y cubriéndola de besos.

—Vamos allá, vamos al momento. No hace más que preguntar por la señora Nela. Hoy es preciso que estés allí cuando don Teodoro le levante la venda... Es la cuarta vez... El día de la primera prueba... ¡qué día!, cuando comprendimos que mi primo había nacido a la luz, casi nos morimos de gozo. La primera fisonomía que vio fue la mía... Vamos.

Fisonomía: Aspecto particular del rostro de una persona.

María soltó la mano de la Virgen Santísima.

—¿Te has olvidado de mi promesa sagrada —añadió esta—, o creías que era broma? ¡Ay!, todo me parece poco para demostrar a la Madre de Dios el gran favor que nos ha hecho... Yo quisiera que en estos días nadie estuviera triste en todo lo que abarca el Universo; quisiera poder repartir mi alegría, echándola a todos lados, como echan los labradores el grano cuando siembran; quisiera poder entrar en todas las habitaciones miserables y decir: «Ya se acabaron vuestras penas; aquí traigo yo remedio para todos». Esto no es posible, esto solo puede hacerlo Dios. Ya que mis fuerzas no pueden igualar a mi voluntad, hagamos bien lo poco que podemos hacer..., y se acabaron las palabras, Nela. Ahora despídete de esta choza, di adiós a todas las cosas que han acompañado a tu miseria y a tu soledad. También se tiene cariño a la miseria, hija.

Marianela no dijo adiós a nada, y como en la casa no estaba a la sazón ninguno de sus simpáticos habitantes, no fue preciso detenerse por ellos. Florentina salió, llevando de la mano a la que sus nobles sentimientos y su cristiano fervor habían puesto a su lado en el orden de la familia, y la Nela se dejaba llevar, sintiéndose incapaz de oponer resistencia. Pensaba ella que una fuerza sobrenatural le tiraba de la mano, y que iba fatal y necesariamente conducida, como las almas que los brazos de un ángel transportan al Cielo.

Aquel día tomaron el camino de Hinojales, que es el mismo donde la vagabunda vio a Florentina por primera vez. Al entrar en la calleja, la señorita dijo a su amiga:

—¿Por qué no has ido a casa? Mi tío decía que tienes modestia y una delicadeza natural que es lástima no haya sido cultivado. ¿Tu delicadeza te impedía venir a reclamar lo que por la misericordia de Dios habías ganado? No hay más sino que tiene razón mi tío... ¡Cómo estaba aquel día el pobre señor!...; decía que ya no le importaba nada morirse... ¿Ves tú?, todavía tengo los ojos encarnados de tanto llorar. Es que anoche mi tío, mi padre y yo no dormimos; estuvimos formando proyectos de familia y haciendo castillos en el aire toda la noche... ¿Por qué callas? ¿Por qué no dices nada?... ¿No estás tú también alegre como yo?

La Nela miró a la señorita, oponiendo débil resistencia a la dulce mano que la conducía.

—Sigue... ¿qué tienes? Me miras de un modo particular, Nela.

Así era, en efecto; los ojos de la abandonada, vagando con extravío de uno en otro objeto, tenían al fijarse en la Virgen Santísima el resplandor del espanto.

—¿Por qué tiembla tu mano? —preguntole la señorita—. ¿Estás enferma? Te has puesto más pálida que una muerta y das diente con diente. Si estás enferma, yo te curaré, yo misma. Desde hoy tienes quien se interese por ti y te mime y te haga cariños... No seré yo sola, pues Pablo te estima... me lo ha dicho. Los dos te querremos mucho, porque él y yo seremos como uno solo... Desea verte. ¡Figúrate si tendrá curiosidad quien nunca ha visto...! Pero no creas..., como tiene tanto entendimiento y una imaginación que, según parece, le ha anticipado ciertas ideas que no poseen comúnmente los ciegos, desde el primer instante supo distinguir las cosas feas de las bonitas. Un pedazo de lacre encarnado le agradó mucho, y un pedazo de carbón le pareció horrible. Admiró la hermosura del cielo, y se estremeció con repugnancia al ver una rana. Todo lo que es bello le produce un entusiasmo que parece delirio; todo lo que es feo le causa horror, y se pone a temblar como cuando tenemos mucho miedo.[3] Yo no debía parecerle mal, porque exclamó al verme: «¡Ay, prima mía, qué hermosa eres! ¡Bendito sea Dios que me ha dado esta luz con que ahora te siento!».

Lacre: Pasta de goma, laca y trementina que se emplea, derretida, para cerrar y sellar cartas, documentos, etcétera.

La Nela tiró suavemente de la mano de Florentina y soltola después, cayendo al suelo como un cuerpo que pierde súbitamente la vida. Inclinose sobre ella la señorita, y con cariñosa voz le dijo:

—¿Qué tienes?... ¿Por qué me miras así?

Clavaba la huérfana sus ojos con terrible fijeza en el rostro de la Virgen Santísima; pero no brillaban, no, con expresión de rencor, sino con una como congoja

[3] Aunque la novela se acerca a su desenlace, el autor no renuncia a introducir estos motivos que anticipan la tragedia final.

Postrer: Última.

suplicante, a la manera de la postrer mirada del moribundo que con los ojos pide misericordia a la imagen de Dios, creyéndola Dios mismo.

—Señora —murmuró la Nela—, yo no la aborrezco a usted, no...; no la aborrezco... Al contrario, la quiero mucho, la adoro...

Diciéndolo, tomó el borde del vestido de Florentina y, llevándolo a sus secos labios, lo besó ardientemente.

—¿Y quién puede creer que me aborreces? —dijo la de Penáguilas, llena de confusión—. Ya sé que me quieres mucho. Pero me das miedo..., levántate.

—Yo la quiero a usted mucho, la adoro —repitió Marianela, besando los pies de la señorita—; pero no puedo, no puedo...

—¿Que no puedes? Levántate, por amor de Dios.

Florentina extendió sus brazos para levantarla; pero sin necesidad de ser sostenida, la Nela levantose de un salto, y, poniéndose rápidamente a bastante distancia, exclamó bañada en lágrimas:

—¡No puedo, señorita mía, no puedo!

—¿Qué?... ¡Por Dios y la Virgen!..., ¿qué te pasa?

—No puedo ir allá.

Y señaló la casa de Aldeacorba, cuyo tejado se veía a lo lejos entre árboles.

—¿Por qué?

—La Virgen Santísima lo sabe —replicó la Nela con cierta decisión—. Que la Virgen Santísima la bendiga a usted.

Haciendo una cruz con los dedos, se los besó. Juraba. Florentina dio un paso hacia ella. María, comprendiendo aquel movimiento de cariño, corrió velozmente hacia la señorita y, apoyando su cabeza en el seno de ella, murmuró entre gemidos:

—¡Por Dios..., deme usted un abrazo!

Florentina la abrazó tiernamente. Entonces, apartándose con un movimiento, o mejor dicho, con un salto ligero, flexible y repentino, la mujer o niña salvaje subió a un matorral cercano. La hierba parecía que se apartaba para darle paso.

—Nela, hermana mía —gritó con angustia Florentina.

—¡Adiós, niña de mis ojos! —dijo la Nela, mirándola por última vez.

Y desapareció entre el ramaje. Florentina sintió el ruido de la hierba, atendiendo a él como atiende el cazador a los pasos de la presa que se le escapa; después, todo quedó en silencio, y no se oía sino el sordo monólogo de la Naturaleza campestre en mitad del día, un rumor que parece el susurro de nuestras propias ideas al extenderse irradiando por lo que nos rodea. Florentina estaba absorta, paralizada, muda, afligidísima, como el que ve desvanecerse la más risueña ilusión de su vida. No sabía qué pensar de aquel suceso, ni su bondad inmensa, que incapacitaba frecuentemente su discernimiento, podía explicárselo.

Afligidísima: Tristísima.

Discernimiento: Juicio.

Largo rato después hallábase en el mismo sitio, con la cabeza inclinada sobre el pecho, las mejillas encendidas y los celestiales ojos mojados de llanto, cuando acertó a pasar Teodoro Golfín, que de la casa de Aldeacorba con tranquilo paso venía. Grande fue el asombro del doctor al ver a la señorita sola y con aquel interesante aparato de pena y desconsuelo que, lejos de mermar su belleza, la acrecentaba.

Mermar: Bajar o disminuirse una cosa.

—¿Qué tiene la niña? —exclamó con interés muy vivo—. ¿Qué es eso, Florentina?

—Una cosa terrible, señor don Teodoro —replicó la señorita de Penáguilas, secando sus lágrimas—. Estoy pensando, estoy considerando qué cosas tan malas hay en el mundo.

—¿Y cuáles son esas cosas malas, señorita?... Donde está usted, ¿puede haber alguna?

—Cosas perversas; pero entre todas hay una que es la más perversa de todas.

—¿Cuál?

—La ingratitud, señor Golfín.

Y, mirando tras de la cerca de zarzas y helechos, dijo:

—Por allí se ha escapado.

Subió a lo más elevado del terreno para alcanzar a ver más lejos.

—No la distingo por ninguna parte.

—Ni yo —exclamó, riendo, el médico—. El señor don Manuel me ha dicho que se dedica usted a la caza de mariposas. Efectivamente, esas pícaras son muy ingratas al no dejarse coger por usted.

—No es eso... Contaré a usted, si va hacia Aldeacorba.

—No voy, sino que vengo, preciosa señorita; pero porque usted me cuente alguna cosa, cualquiera que sea, volveré con mucho gusto. Volvamos a Aldeacorba: ya soy todo oídos.

18

La Nela se decide a partir

LA NELA ESTUVO VAGANDO SOLA todo el día, y por la noche rondó la casa de Aldeacorba, acercándose a ella todo lo que le era posible sin peligro de ser descubierta. Cuando sentía rumor de pasos, alejábase prontamente, como un ladrón. Bajó a la hondonada de la Terrible, cuyo pavoroso aspecto de cráter le agradaba en aquella ocasión, y después de discurrir por el fondo, contemplando los gigantes de piedra que en su recinto se elevaban como personajes congregados en un circo, trepó a uno de ellos para descubrir las luces de Aldeacorba. Allí estaban, brillando en el borde de la mina, sobre la oscuridad del cielo y de la tierra. Después de mirarlas como si nunca en su vida hubiera visto luces, salió de la Terrible y subió hacia la Trascava. Antes de llegar a ella sintió pasos, detúvose, y al poco rato vio que por el sendero adelante venía con resuelto andar el señor de Celipín. Traía un pequeño lío pendiente de un palo puesto al hombro, y su marcha, como su ademán, demostraban firme resolución de no parar hasta medir con sus piernas toda la anchura de la Tierra.

Lío: Porción de cosas atadas.

Ademán: Gesto.

—¡Celipe!..., ¿adónde vas? —le preguntó la Nela, deteniéndole.

—¡Nela!..., ¿tú por estos barrios?... Creíamos que estabas en casa de la señorita Florentina, comiendo jamones, pavos y perdices a todas horas y bebiendo limonada con azucarillos. ¿Qué haces aquí?

—Y tú, ¿adónde vas?

—¿Ahora salimos con eso? ¿Para qué me lo preguntas si lo sabes? —replicó el chico, requiriendo el palo y el lío. Bien sabes que voy a aprender mucho y a ganar dinero... ¿No te dije que esta noche...? Pues aquí me tienes más contento que unas Pascuas, aunque algo triste, cuando pienso lo que padre y madre van a llorar... Mira, Nela, la Virgen Santísima nos ha favorecido esta noche, porque padre y madre empezaron a roncar más pronto que otras veces, y yo, que ya tenía hecho el lío, me subí al ventanillo, y por el ventanillo me eché fuera... ¿Vienes tú o no vienes?

—Yo también voy —dijo la Nela, con un movimiento repentino, asiendo el brazo del intrépido viajero.

—Tomaremos el tren, y en el tren iremos hasta donde podamos —dijo Celipín con generoso entusiasmo—. Y después pediremos limosna hasta llegar a los Madriles del Rey de España; y, una vez que estemos en los Madriles del Rey de España, tú te pondrás a servir en una casa de marqueses y condeses, y yo en otra, y así, mientras yo estudie, tú podrás aprender muchas finuras. ¡Córcholis!, de todo lo que yo vaya aprendiendo te iré enseñando a ti un poquillo, un poquillo nada más, porque las mujeres no necesitan tantas sabidurías como nosotros los señores médicos.

Madriles: Forma castiza para designar la ciudad de Madrid.

Antes de que Celipín acabara de hablar, los dos se habían puesto en camino, andando tan aprisa cual si estuvieran viendo ya las torres de los Madriles del Rey de España.

—Salgámonos del sendero —dijo Celipín, dando pruebas en aquella ocasión de un gran talento práctico, porque si nos ven nos echarán mano y nos darán un buen pie de paliza.

Pero la Nela soltó la mano de su compañero de aventuras, y, sentándose en una piedra, murmuró tristemente:

—Yo no voy.

—Nela... ¡qué tonta eres! Tú no tienes, como yo, un corazón del tamaño de esas peñas de la Terrible —dijo

Celipín con fanfarronería—. ¡Recórcholis!, ¿a qué tienes miedo? ¿Por qué no vienes?

—Yo..., ¿para qué?

—¿No sabes que dijo don Teodoro que los que nos criamos aquí nos volvemos piedras...? Yo no quiero ser una piedra, yo no.

—Yo..., ¿para qué voy? —dijo la Nela con amargo desconsuelo—. Para ti es tiempo, para mí es tarde.

La Nela dejó caer la cabeza sobre su pecho, y por largo rato permaneció insensible a la seductora verbosidad del futuro Hipócrates[1]. Al ver que iba a franquear el lindero de aquella tierra donde había vivido y donde dormía su madre el eterno sueño, se sintió arrancada de su suelo natural. La hermosura del país, con cuyos accidentes se sentía unida por una especie de parentesco; la escasa felicidad que había gustado en él; la miseria misma; el recuerdo de su amito y de las gratas horas de paseo por el bosque y hacia la fuente de Saldeoro; los sentimientos de admiración o de simpatía, de amor o de gratitud que habían florecido en su alma en presencia de aquellas mismas flores, de aquellas mismas nubes, de aquellos árboles frondosos, de aquellas peñas rojas, y como asociados a la belleza, al desarrollo, a la marcha y a la constancia de aquellas mismas partes de la Naturaleza, eran otras tantas raíces morales cuya violenta tirantez, al ser arrancadas, producíala vivísimo dolor.

Verbosidad: Facilidad de palabra.

Lindero: Límite.

Amito: Diminutivo de amo.

—Yo no me voy —repitió.

Y Celipín hablaba, hablaba, cual si ya, subiendo milagrosamente hasta el pináculo de su carrera, perteneciese a todas las Academias creadas y por crear.

Pináculo: Cumbre.

—Entonces ¿vuelves a casa? —preguntole al ver que su elocuencia era tan inútil como la de aquellos centros oficiales del saber.

—No

[1] Médico griego (460-377 a. C.) considerado el fundador de la Medicina; dio nombre al «juramento hipocrático», por el que los médicos se comprometen a buscar ante todo la curación del enfermo. Nótese la ironía.

—¿Vas a la casa de Aldeacorba?

—Tampoco.

—Entonces, ¿te vas al pueblo de la señorita Florentina?

—No, tampoco.

—Pues, entonces, ¡córcholis, recórcholis!, ¿adónde vas?

La Nela no contestó nada: seguía mirando con espanto al suelo, como si en él estuvieran los pedazos de la cosa más bella y más rica del mundo, que se acababa de caer y romperse.

—Pues entonces, Nela —dijo Celipín, fatigado de sus largos discursos—, yo te dejo y me voy, porque pueden descubrirme... ¿Quieres que te dé una peseta, por si se te ofrece algo esta noche?

—No, Celipín, no quiero nada... Vete, tú serás hombre de provecho... Pórtate bien, y no te olvides de Socartes ni de tus padres.

El viajero sintió una cosa impropia de varón tan formal y respetable: sintió que le venían ganas de llorar; mas, sofocando aquella emoción importuna, dijo:

—¿Cómo me he de olvidar de Socartes?... ¡Pues no faltaba más!... No me olvidaré de mis padres ni de ti, que me has ayudado a esto... Adiós, Nelilla... Siento pasos.

Enarbolar: Levantar en alto.

Celipín enarboló su palo con una decisión que probaba cuán templada estaba su alma para afrontar los peligros del mundo; pero su intrepidez no tuvo objeto, porque era un perro el que venía.

—*Es Choto* —dijo Nela, temblando.

¡Agur!: ¡Adiós!

—Agur —murmuró Celipín, poniéndose en marcha.

Desapareció entre las sombras de la noche.

La geología había perdido una piedra, y la sociedad había ganado un hombre.

La Nela sintió escalofríos al verse acariciada por *Choto*. El generoso animal, después de saltar alrededor de ella, gruñendo con tanta expresión que faltaba muy poco para que sus gruñidos fuesen palabras, echó a correr con velocidad suma hacia Aldeacorba. Creeríase que corría tras una pieza de caza; pero, al contrario de ciertos oradores, el buen *Choto* ladrando hablaba.

A la misma hora, Teodoro Golfín salía de la casa de Penáguilas. Llegose a él *Choto* y le dijo atropelladamente no sabemos qué. Era como una brusca interpelación pronunciada entre los bufidos del cansancio y los ahogos del sentimiento. Golfín, que sabía muchas lenguas, era poco fuerte en la canina, y no hizo caso. Pero *Choto* dio unas cuarenta vueltas en torno de él, soltando de su espumante boca unos al modo de insultos, que después parecían voces cariñosas y después amenazas. Teodoro se detuvo entonces, prestando atención al cuadrúpedo. Viendo *Choto* que se había hecho entender un poco, echó a correr en dirección contraria a la que llevaba Golfín. Este le siguió, murmurando:

Interpelación: Petición.

Bufidos: Resoplidos.

Cuadrúpedo: Animal de cuatro pies.

—Pues vamos allá.

Choto regresó corriendo como para cerciorarse de que era seguido, y después volvió a alejarse. Como a cien metros de Aldeacorba, Golfín creyó sentir una voz humana que dijo:

—¿Qué quieres, *Choto*?

Al punto sospechó que era la Nela quien hablaba. Detuvo el paso, prestó atención, colocándose a la sombra de una haya, y no tardó en descubrir una figura que, apartándose de la pared de piedra, andaba despacio. La sombra de las zarzas no permitía descubrirla bien. Despacito, siguiola a bastante distancia, apartándose de la senda y andando sobre el césped para no hacer ruido. Indudablemente era ella. Conociola perfectamente cuando entró en terreno claro, donde no oscurecían el suelo árboles ni zarzas.

La Nela avanzó después más rápidamente. Al fin corría. Golfín corrió también. Después de un rato de esta desigual marcha, la Nela se sentó en una piedra. A sus pies se abría el cóncavo hueco de la Trascava, sombrío y espantoso en la oscuridad de la noche. Golfín

Cuarto: Parte en que, junto a otras tres, se considera dividido el cuerpo de los cuadrúpedos y aves.

Esfinge: Estatua.

esperó, y, con paso muy quedo, acercose más. *Choto* estaba frente a la Nela, echado sobre los cuartos traseros, derechas las patas delanteras, y mirándola como una esfinge. La Nela miraba hacia abajo... De pronto empezó a descender rápidamente, más bien resbalando que corriendo. Como un león, se abalanzó Teodoro a la sima, gritando con voz de gigante:

—¡Nela, Nela!...

Miró y no vio nada en la negra boca. Oía, sí, los gruñidos de *Choto,* que corría por la vertiente en derredor, describiendo espirales, cual si le arrastrara un líquido tragado por la espantosa sima. Trató de bajar Teodoro, y dio algunos pasos cautelosamente. Volvió a gritar, y una voz le contestó desde abajo:

—Señor...

—Sube al momento.

No recibió contestación.

—Que subas.

Al poco rato dibujose la figura de la vagabunda en lo más hondo que se podía ver del horrible embudo.

Husmear: Buscar.

Choto, después de husmear el tragadero de la Trascava, subía describiendo las mismas espirales. La Nela subía también, pero muy despacio. Detúvose, y entonces se oyó su voz, que decía débilmente:

—Señor...

—Que subas te digo... ¿Qué haces ahí?

La Nela subió otro poco.

—Sube pronto..., tengo que decirte una cosa.

—¿Una cosa?...

—Una cosa, sí; una cosa tengo que decirte.

La Nela subió, y Teodoro no se creyó triunfante hasta que pudo asir fuertemente su mano para llevarla consigo.[2]

---

[2] Galdós sigue identificando a Golfín con el papel de *Deus ex machina* (artificio divino que todo lo arregla) capaz de resolver todos los problemas: corrió con la educación de su hermano menor; devolvió la vista a Pablo; ahora —avisado por el perro— acaba de salvar a Nela del suicidio. Más adelante veremos que no resultarán benéficas todas las acciones de este héroe positivo.

19

Domesticación

ANDUVIERON BREVE RATO los dos sin decir nada. Teodoro Golfín, con ser sabio, discreto y locuaz, sentíase igualmente torpe que la Nela, ignorante de suyo y muy lacónica por costumbre. Seguíale sin hacer resistencia, y él acomodaba su paso al de la mujer-niña, como hombre que lleva un chico a la escuela. En cierto paraje del camino, donde había tres enormes piedras blanquecinas y carcomidas, que parecían huesos de gigantescos animales, el doctor se sentó, y, poniendo delante de sí en pie a la Nela, como quien va a pedir cuentas de travesuras graves, tomole ambas manos y seriamente le dijo:

Lacónica: Breve, que expresa el pensamiento con pocas palabras.

—¿Qué ibas a hacer allí?

—¿Yo?..., ¿dónde?

—Allí. Bien comprendes lo que quiero decirte. Responde claramente, como se responde a un confesor o a un padre.

—Yo no tengo padre —replicó la Nela con ligero acento de rebeldía.

—Es verdad; pero figúrate que lo soy yo, y responde. ¿Qué ibas a hacer allí?

—Allí está mi madre —le fue respondido de una manera hosca.

Hosca: Antipática.

—Tu madre ha muerto. ¿Tú no sabes que los que se han muerto están en el otro mundo o no están en ninguna parte?

—Está allí —afirmó la Nela con aplomo, volviendo tristemente los ojos al punto indicado.

—Y tú pensabas ir con ella, ¿no es eso? Es decir, que pensabas quitarte la vida.

—Sí, señor; eso mismo.

—¿Y tú no sabes que tu madre cometió un gran crimen al darse la muerte, y que tú cometerías otro igual imitándola? ¿A ti no te han enseñado esto?

—No me acuerdo de si me han enseñado tal cosa. Si yo me quiero matar, ¿quién me lo puede impedir?

—¿Pero tú misma, sin auxilio de nadie, no comprendes que a Dios no puede agradar que nos quitemos la vida?... ¡Pobre criatura, abandonada a tus sentimientos naturales, sin instrucción ni religión, sin ninguna influencia afectuosa y desinteresada que te guíe! ¿Qué ideas tienes de Dios, de la otra vida, del morir?... ¿De dónde has sacado que tu madre está allí?... ¿A unos cuantos huesos sin vida llamas tu madre?... ¿Crees que ella sigue viviendo, pensando y amándote dentro de esa caverna? ¿Nadie te ha dicho que las almas, una vez que sueltan su cuerpo jamás vuelven a él? ¿Ignoras que las sepulturas, de cualquier forma que sean, no encierran más que polvo, descomposición y miseria?... ¿Cómo te figuras tú a Dios? ¿Como un señor muy serio que está allá arriba con los brazos cruzados, dispuesto a tolerar que juguemos con nuestra vida y a que en lugar suyo pongamos espíritus, duendes y fantasmas, que nosotros mismos hacemos?... Tu amo, que es tan discreto, ¿no te ha dicho jamás estas cosas?

Instrucción: Educación.

Duende: Espíritu que popularmente se cree que habita en algunas casas.

—Sí me las ha dicho; pero como ya no me las ha de decir...

—Pero como ya no te las ha de decir, ¿atentas a tu vida? Dime, tonta: arrojándote a ese agujero, ¿qué bien pensabas tú alcanzar? ¿Pensabas estar mejor?

—Sí, señor.

—¿Cómo?

—No sintiendo nada de lo que ahora siento, sino otras cosas mejores, y juntándome con mi madre.

—Veo que eres más tonta que hecha de encargo

—dijo Golfín riendo—. Ahora vas a ser franca conmigo. ¿Tú me quieres mal?

—No, señor, yo no quiero mal a nadie, y menos a usted, que ha sido tan bueno conmigo y que ha dado la vista a mi amo.

—Bien; pero eso no basta. Yo no solo deseo que me quieras bien, sino que tengas confianza en mí y me confíes tus cosillas. A ti te pasan cosillas muy curiosas, picarona, y todas me las vas a decir, todas. Verás cómo no te pesa; verás cómo soy un buen confesor.

La Nela sonrió con tristeza. Después bajó la cabeza, y doblándose sus piernas, cayó de rodillas.

—No, tonta, así estás mal. Siéntate junto a mí; ven acá —dijo Golfín cariñosamente, sentándola a su lado—. Se me figura que estabas rabiando por encontrar una persona a quien poder decirle tus secretos. ¿No es verdad? ¡Y no hallabas ninguna! Efectivamente, estás demasiado sola en el mundo... Vamos a ver, Nela, dime ante todo: ¿por qué?..., pon mucha atención..., ¿por qué se te puso en la cabeza quitarte la vida?

La Nela no contestó nada.

—Yo te conocí gozosa y, al parecer, satisfecha de la vida, hace algunos días. ¿Por qué de la noche a la mañana te has vuelto loca?...

—Quería ir con mi madre —repuso la Nela, después de vacilar un instante . No quería vivir más. Yo no sirvo para nada. ¿De qué sirvo yo? ¿No vale más que me muera? Si Dios no quiere que me muera, me moriré yo misma por mi misma voluntad.

—Esa idea de que no sirves para nada es causa de grandes desgracias para ti, ¡infeliz criatura! ¡Maldito sea el que te la inculcó, o los que te la inculcaron, porque son muchos!... Todos son igualmente responsables del abandono, de la soledad y de la ignorancia en que has vivido. ¡Que no sirves para nada! ¡Sabe Dios lo que hubieras sido tú en otras manos! Eres una personilla delicada, muy delicada, quizás de inmenso valor; pero, ¡qué demonio!, pon un arpa en manos toscas..., ¿qué

Inculcó: Enseñó.

harán?, romperla..., porque tu constitución débil no te permita romper piedra y arrastrar tierra como esas bestias en forma humana que se llaman Mariuca y Pepina, ¿se ha de afirmar que no sirves para nada?, ¿acaso hemos nacido para trabajar como los animales...? ¿No tendrás tú inteligencia, no tendrás tú sensibilidad, no tendrás mil dotes preciosas que nadie ha sabido cultivar? No: tú sirves para algo; aún podrás servir para mucho si encuentras una mano hábil que te sepa manejar.[1]

La Nela, profundamente impresionada con estas palabras, que entendió por intuición, fijaba sus ojos en el rostro duro, expresivo e inteligente de Teodoro Golfín. Asombro y reconocimiento llenaban su alma.

—Pero en ti no hay un misterio solo —añadió el león negro—. Ahora se te ha presentado la ocasión más preciosa para salir de tu miserable abandono, y la has rechazado. Florentina, que es un ángel de Dios, ha querido hacer de ti una amiga y una hermana; no conozco un ejemplo de virtud y de bondad como las suyas..., y tú ¿qué has hecho?...: huir de ella como una salvaje... ¿Es esto ingratitud o algún otro sentimiento que no comprendemos?

—No, no, no —replicó la Nela con aflicción—, yo no soy ingrata. Yo adoro a la señorita Florentina... Me parece que no es de carne y hueso como nosotros, y que no merezco ni siquiera mirarla...

Aflicción: Pena, tristeza.

—Pues, hija, eso podrá ser verdad; pero tu comportamiento no quiere decir sino que eres ingrata, muy ingrata.

—No, no soy ingrata —exclamó la Nela, ahogada por los sollozos—. Bien me lo temía yo..., sí, me lo temía..., yo sospechaba que me creerían ingrata, y esto es lo único que me ponía triste cuando me iba a matar...

[1] A lo largo de este capítulo Teodoro Golfín formulará de diversas maneras una de las tesis esenciales de la obra: la importancia de la educación para la dignidad del ser humano; es una idea central de la mentalidad positivista y del pensamiento liberal de Galdós.

Como soy tan bruta, no supe pedir perdón a la señorita por mi fuga, ni supe explicarle nada...

—Yo te reconciliaré con la señorita...; yo, si tú no quieres verla más, me encargo de decirle y de probarle que no eres ingrata. Ahora descúbreme tu corazón y dime todo lo que sientes y la causa de tu desesperación. Por grande que sea el abandono en que una criatura viva, por grandes que sean su miseria y su soledad, no se arranca la vida sino cuando hay un motivo muy poderoso para aborrecerla.

—Sí, señor; eso mismo pienso yo.

—¿Y tú la aborreces?...

Nela estuvo callada un momento. Después, cruzando los brazos, dijo con vehemencia:

—No, señor; yo no la aborrezco, sino que la deseo.

—¡A buena parte ibas a buscarla!

—Yo creo que después que uno se muere tiene todo lo que aquí no puede conseguir... Si no, ¿por qué nos está llamando la muerte a todas horas? Yo tengo sueños, y soñando veo felices y contentos a todos los que se han muerto.

—¿Tú crees en lo que sueñas?

—Sí, señor. Y miro los árboles y las peñas, que estoy acostumbrada a ver desde que nací, y en su cara...

—¡Hola, hola!... ¿También los árboles y las peñas tienen cara?...

—Sí, señor... Para mí, todas las cosas hermosas ven y hablan... Por eso cuando todas me han dicho: «Ven con nosotras, muérete y vivirás sin penas...».

«¡Qué lástima de fantasía! —murmuró Golfín—. Alma enteramente pagana».

Pagana: Que adora ídolos.

Y luego añadió en voz alta:

—Si deseas la vida, ¿por qué no aceptaste lo que Florentina te ofrecía? Vuelvo al mismo tema.

—Porque..., porque... porque la señorita Florentina no me ofrecía sino la muerte —dijo la Nela con energía.

—¡Qué mal juzgas su caridad! Hay seres tan infelices que prefieren la vida vagabunda y miserable a la dignidad que poseen las personas de un orden superior. Tú te has acostumbrado a la vida salvaje en contacto directo con la Naturaleza, y prefieres esta libertad grosera a los afectos más dulces de una familia. ¿Has sido tú feliz en esta vida?

—Empezaba a serlo...

—¿Y cuándo dejaste de serlo?

Después de larga pausa, la Nela contestó:

—Cuando usted vino.

—¡Yo!... ¿Qué males he traído?

—Ninguno. No ha traído sino grandes bienes.

—Yo he devuelto la vista a tu amo —dijo Golfín, observando con atención de fisiólogo el semblante de la Nela—. ¿No me agradeces esto?

—Mucho, sí, señor, mucho —replicó ella, fijando en el doctor sus ojos llenos de lágrimas.

Golfín, sin dejar de observarla ni perder el más ligero síntoma facial que pudiera servir para conocer los sentimientos de la mujer-niña, habló así:

—Tu amo me ha dicho que te quiere mucho. Cuando era ciego, lo mismo que después que tiene vista, no ha hecho más que preguntar por la Nela. Se conoce que para él todo el universo está ocupado por una sola persona, la Nela; que la luz que se le ha permitido gozar no sirve para nada sino para ver a la Nela.

—¡Para ver a la Nela! ¡Pues no verá a la Nela!... ¡La Nela no se dejará ver! —exclamó ella con brío.

—¿Y por qué?

—Porque es muy fea... Se puede querer a la hija de la Canela cuando se tienen los ojos cerrados; pero cuando se abren los ojos y se ve a la señorita Florentina, no se puede querer a la pobre y enana Marianela.

—¡Quién sabe!...

—No puede ser..., no puede ser —afirmó la vagabunda con la mayor energía.

—Eso es un capricho tuyo... No puedes decir si agradas o no a tu amo mientras no lo pruebes. Yo te llevaré a la casa.

Fisiólogo: Persona que se dedica a la fisiología o parte de la biología que estudia los órganos y sus funciones.

Facial: Propio del rostro.

—¡No quiero, que no quiero! —gritó ella, levantándose de un salto y poniéndose frente a Teodoro, que se quedó absorto al ver su briosa apostura y el fulgor de sus ojuelos negros, señales ambas cosas de un carácter decidido.

Absorto: Admirado, pasmado.

—Tranquilízate, ven acá —le dijo con dulzura—. Hablaremos... Es verdad que no eres muy bonita...; pero no es propio de una joven discreta apreciar tanto la hermosura exterior. Tienes un amor propio excesivo, mujer.

Y sin hacer caso de las observaciones del doctor, la Nela, firme en su puesto como lo estaba en su tema, pronunció solemnemente esta sentencia:

—No debe haber cosas feas... Ninguna cosa fea debe vivir.[2]

—Pues mira, hijita, si todos los feos tuviéramos la obligación de quitarnos de en medio, ¡cuán despoblado se quedaría el mundo, pobre y desgraciada tontuela! Esa idea que me has dicho no es nueva. Tuviéronla personas que vivieron hace siglos, personas de fantasía como tú, que vivían en la Naturaleza como tú, y que, como tú, carecían de cierta luz que a ti te falta por tu ignorancia y abandono, y a ellas porque aún esa luz no había venido al mundo... Es preciso que te cures de esa manía: es preciso que te hagas cargo de que hay una porción de dones más estimables que el de la hermosura, dones del alma que ni son ajados por el tiempo ni están sujetos al capricho de los ojos. Búscalos en tu alma, y los encontrarás. No te pasará lo que con tu hermosura, que, por mucho que en el espejo la busques, jamás la hallarás. Busca aquellos dones preciosos, cultívalos, y cuando los veas bien grandes y florecidos, no temas; ese afán que sientes se calmará. Entonces te sobrepondrás fácilmente a la situación desairada en que

Ajados: Estropeados.

[2] Frente a la argumentación apasionada y en ocasiones verbosa del doctor Golfín, llama la atención la serena determinación de Nela, quien con esta frase resume su actitud de forma impresionante.

te ves, y, elevándote, tendrás una hermosura que no admirarán quizá los ojos, pero que a ti misma te servirá de recreo y orgullo.

Estas sensatas palabras, o no fueron entendidas o no fueron aceptadas por la Nela, que, ocultándose otra vez junto a Golfín, le miraba atentamente. Sus ojos pequeñitos, que a los más hermosos ganaban en elocuencia, parecían decir: «¿Pero a que vienen todas esas sabidurías, señor pedante?».

Pedante: Redicho.

—Aquí —continuó Golfín, gozando extremadamente con aquel asunto, y dándole, a pesar suyo, un tono de tesis psicológica— hay una cuestión principal, y es...

La Nela le había adivinado, y se cubrió el rostro con las manos.

—No tiene nada de extraño; al contrario, es muy natural lo que te pasa. Tienes un temperamento sentimental, imaginación; has llevado con tu amo la vida libre y poética de la Naturaleza, siempre juntos, en inocente intimidad. Él es discreto hasta no más, y guapo como una estatua... Parece la belleza ciega hecha para recreo de los que tienen vista. Además, su bondad y la grandeza de su corazón cautivan y enamoran. No es extraño que te haya cautivado a ti, que eres una niña casi mujer, o una mujer que parece niña. ¿Le quieres mucho, le quieres más que a todas las cosas de este mundo?...

—Sí, sí, señor —repuso la chicuela sollozando.

—¿No puedes soportar la idea de que te deje de querer?

—No; no, señor.

—Él te ha dicho palabras amorosas y te ha hecho juramentos...

—¡Oh!, sí, sí, señor. Me dijo que yo sería su compañera por toda la vida, y yo lo creí...

—¿Por qué no ha de ser verdad?...

—Me dijo que no podría vivir sin mí, y que aunque tuviera vista me querría mucho siempre. Yo estaba contenta, y mi fealdad, mi pequeñez y mi facha ridícula no me importaban, porque él no podía verme, y allá en sus tinieblas me tenía por bonita. Pero después...

—Después... —murmuró Golfín, traspasado de compasión—. Ya veo que yo tengo la culpa de todo.

—La culpa no...; porque usted ha hecho una buena obra. Usted es muy bueno... Es un bien que él haya sanado de sus ojos... Yo me digo a mí misma que es un bien...; pero después de esto yo debo quitarme de en medio..., porque él verá a la señorita Florentina y la comparará conmigo..., y la señorita Florentina es como los ángeles, y yo... Compararme con ella es como si un pedazo de espejo roto se comparara con el sol... ¿Para qué sirvo yo? Yo soñé que no debía haber nacido. ¿Para qué nací?... ¡Dios se equivocó! Hízome una cara fea, un cuerpecillo chico y un corazón muy grande. ¿De qué me sirve este corazón muy grande? De tormento, nada más. ¡Ay!, si yo no le sujetara, él se empeñaría en aborrecer mucho; pero el aborrecimiento no me gusta, yo no sé aborrecer, y antes que llegar a saber lo que es eso, quiero enterrar mi corazón para que no me atormente más.

—Te atormenta con los celos, con el sentimiento de verte humillada. ¡Ay!, Nela, tu soledad es grande. No puede salvarte ni el saber que no posees, ni la familia que te falta, ni el trabajo que desconoces. Dime, la protección de la señorita Florentina, ¿qué sentimientos ha despertado en ti?

—¡Miedo!... ¡Vergüenza! —exclamó la Nela con temor, abriendo mucho sus ojuelos—. ¡Vivir con ellos, viéndoles a todas horas..., porque se casarán; el corazón me ha dicho que se casarán; yo he soñado que se casarán!...

—Pero Florentina es muy buena, te amaría mucho...

—Yo la quiero mucho también; pero no en Aldeacorba —dijo la de la Canela con exaltación y desvarío—. Ha venido a quitarme lo que es mío..., porque era mío, sí, señor... Florentina es como la Virgen María... Yo le rezaría, sí, señor; le rezaría, pero no quiero que me quite lo que es mío..., y me lo quitará, ya me lo ha quitado... ¿Adónde voy yo ahora, qué soy, ni de qué valgo? Todo lo perdí, todo, y quiero irme con mi madre.

La Nela dio algunos pasos; pero Golfín, como fiera que echa la zarpa, la detuvo fuertemente por la muñeca. Haciendo esto, observó el agitado pulso de la vagabunda.

—Ven acá —le dijo—. Desde este momento, que quieras que no, te hago mi esclava. Eres mía, y no has de hacer sino lo que yo te mande. ¡Pobre criatura, formada de sensibilidad ardiente, de imaginación viva, de candidez y de superstición, eres una admirable persona nacida para todo lo bueno, pero desvirtuada por el estado salvaje en que has vivido, por el abandono y la falta de instrucción, pues careces hasta de lo más elemental! ¡En qué donosa sociedad vivimos, que se olvida hasta este punto de sus deberes y deja perder de este modo un ser preciosísimo!... Ven acá, que no te has de separar de *mí;* te tomo, te cazo, esa es la palabra, te cazo con trampa en medio de los bosques, fierecita silvestre, y voy a ensayar en ti un sistema de educación... Veremos si sé tallar este hermoso diamante. ¡Ah, cuántas cosas ignoras! Yo te descubriré un nuevo mundo en tu alma, te haré ver mil asombrosas maravillas que hasta ahora no has conocido, aunque de todas ellas has de tener tú una idea confusa, una idea vaga. ¿No sientes en tu pobre alma..., ¿cómo te lo diré?, el brotecillo, el pimpollo de una virtud, que es la más preciosa y la madre de todas, la humildad; una virtud por la cual gozamos extraordinariamente, ¡mira tú qué cosa tan rara!, al vernos inferiores a los demás? Gozamos, sí, al ver que otros están por encima de nosotros. ¿No sientes también la abnegación, por la cual nos complacemos en sacrificarnos por los demás, y hacernos pequeñitos para que los demás sean grandes? Tú

Candidez: Inocencia.

Donosa: Graciosa.

Pimpollo: Germen.

Abnegación: Generosidad.

aprenderás esto; aprenderás a poner tu fealdad a los pies de la hermosura, a contemplar con serenidad y alegría los triunfos ajenos, a cargar de cadenas ese gran corazón tuyo, sometiéndolo por completo, para que jamás vuelva a sentir envidia ni despecho, para que ame a todos por igual, poniendo por encima de todos a los que te han causado daño. Entonces serás lo que debes ser por tu natural condición y por las cualidades que posees desde el nacer. ¡Infeliz!, has nacido en medio de una sociedad cristiana, y ni siquiera eres cristiana; vive tu alma en aquel estado de naturalismo poético[3], sí, esa es la palabra, y te la digo aunque no la entiendas..., en aquel estado en que vivieron pueblos de que apenas queda memoria. Los sentidos y las pasiones te gobiernan, y la forma es uno de tus dioses más queridos. Para ti han pasado en vano dieciocho siglos, consagrados a la sublimación del espíritu. Y esta sociedad egoísta que ha permitido tal abandono, ¿qué nombre merece? Te ha dejado crecer en la soledad de unas minas, sin enseñarte una letra, sin hacerte conocer las conquistas más preciosas de la inteligencia, las verdades más elementales que hoy gobiernan al mundo; ni siquiera te ha llevado a una de esas escuelas de primeras letras, donde no se aprende casi nada; ni siquiera te ha dado la imperfectísima instrucción religiosa de que ella se envanece. Apenas has visto una iglesia más que para presenciar ceremonias que no te han explicado; apenas sabes recitar una oración que no entiendes; no sabes nada del mundo, ni de Dios, ni del alma... Pero todo lo sabrás; tú serás otra; dejarás de ser la Nela, yo te lo prometo, para ser una señorita de mérito, una mujer de bien.

Despecho: Desilusión, malquerencia.

No puede afirmarse que la Nela entendiera el anterior discurso, pronunciado por Golfín con tal vehemencia y brío, que olvidó un instante la persona con

Vehemencia: Entusiasmo.

[3] Aquí se refiere a que Nela ha vivido en la situación primitiva inocente y «natural» de quienes se han mantenido alejados de la civilización.

quien hablaba. Pero la vagabunda sentía una fascinación extraña, y las ideas de aquel hombre penetraban dulcemente en su alma, hallando fácil asiento en ella. Parece que se efectuaba sobre la tosca muchacha el potente y fatal dominio que la inteligencia superior ejerce sobre la inferior. Triste y silenciosa, recostó su cabeza sobre el hombro de Teodoro.

—Vamos allá —dijo este súbitamente.

La Nela tembló toda. Golfín observó el sudor de su frente, el glacial frío de sus manos, la violencia de su pulso; pero, lejos de cejar en su idea por causa de esta dolencia física, afirmose más en ella, repitiendo:

Glacial: Helado.

—Vamos, vamos; aquí hace frío.

Tomó de la mano a la Nela. El dominio que sobre ella ejercía era ya tan grande, que la muchacha se levantó tras él y dieron juntos algunos pasos. Después, la Nela se detuvo y cayó de rodillas.

—¡Oh!, señor —exclamó, con espanto—, no me lleve usted.

Estaba pálida y descompuesta, con señales de una espantosa alteración física y moral. Golfín le tiró del brazo. El cuerpo desmayado de la vagabunda no se elevaba del suelo por su propia fuerza. Era preciso tirar de él como de un cuerpo muerto.

—Hace días —dijo Golfín— que en este mismo sitio te llevé sobre mis hombros porque no podías andar. Esta noche será lo mismo.

Y la levantó en sus brazos. La ardiente respiración de la mujer-niña le quemaba el rostro. Iba decadente, roja y marchita, como una planta que acaba de ser arrancada del suelo, dejando en él las raíces.

Al llegar a la casa de Aldeacorba, Golfín sintió que su carga se hacía menos pesada. La Nela erguía su cuello, elevaba las manos con ademán de desesperación, pero callaba.

Entró. Todo estaba en silencio. Una criada salió a recibirle, y a instancias de Teodoro condújole sin hacer ruido a la habitación de la señorita Florentina.

Hallábase esta sola, alumbrada por una luz que ya agonizaba, de rodillas en el suelo y apoyando sus brazos en el asiento de una silla, en actitud de orar devota y recogidamente. Alarmose al ver entrar a un hombre tan a deshora en su habitación, y a su fugaz alarma sucedió el asombro, observando la carga que Golfín sobre sus robustos hombros traía.

La sorpresa no permitió a la señorita de Penáguilas usar de la palabra, cuando Teodoro, depositando cuidadosamente su carga sobre un sofá, le dijo:

—Aquí la traigo... ¿Qué tal, soy buen cazador de mariposas?

20

El nuevo mundo

RETROCEDAMOS ALGUNOS DÍAS.[1]

Cuando don Teodoro Golfín levantó por primera vez el vendaje de Pablo Penáguilas, este dio un grito de espanto. Sus movimientos todos eran de retroceso. Extendía las manos como para apoyarse en un punto y retroceder mejor. El espacio iluminado era para él como un inmenso abismo, en el cual se suponía próximo a caer. El instinto de conservación obligábale a cerrar los ojos. Excitado por Teodoro, por su padre y los demás de la casa, que sentían la ansiedad más honda, miró de nuevo; pero el temor no disminuía. Las imágenes entraban, digámoslo así, en su cerebro, violenta y atropelladamente, con una especie de brusca embestida, de tal modo que él creía chocar contra los objetos; las montañas lejanas se le figuraban hallarse al alcance de su mano, y veía los objetos y personas que le rodeaban cual si rápidamente cayeran sobre sus ojos.

Teodoro Golfín observaba estos fenómenos con la más viva curiosidad, porque era aquel el segundo caso de curación de ceguera congénita que había presenciado. Los demás no se atrevían a manifestar alegría; de tal modo les confundía y pasmaba la perturbada inauguración de las funciones ópticas en el afortunado pa-

[1] Entre las atribuciones del narrador omnisciente está la de moverse a su antojo por el espacio y el tiempo. Antes ya vimos cómo efectuaba una larga retrospección para contarnos los orígenes de los hermanos Golfín (cap. 10); ahora vuelve atrás solo unos días para informar de cómo Pablo iba recuperando la vista.

Delirante: Enloquecida.

ciente. Pablo experimentaba una alegría delirante. Sus nervios y su fantasía hallábanse horriblemente excitados, por lo cual Teodoro juzgó prudente obligarle al reposo. Sonriendo le dijo:

—Por ahora ha visto usted bastante. No se pasa de la ceguera a la luz, no se entra en los soberanos dominios del sol como quien entra en un teatro. Es este un nacimiento en que hay también mucho dolor.

Más tarde, el joven mostró deseos tan vehementes de volver a ejercer su nueva facultad preciosa, que Teodoro consintió en abrirle un resquicio del mundo visible.

Resquicio: Espacio pequeño.

—Mi interior —dijo Pablo, explicando su impresión primera— está inundado de hermosura, de una hermosura que antes no conocía. ¿Qué cosas fueron las que entraron en mí, llenándome de terror? La idea del tamaño, que yo no concebía sino de una manera imperfecta, se me presentó clara y terrible, como si me arrojaran desde las cimas más altas a los abismos más profundos. Todo esto es bello y grandioso, aunque me hace estremecer. Quiero volver a experimentar esas sensaciones sublimes. Aquella extensión de hermosura que contemplé me ha dejado anonadado: era una cosa serena y majestuosamente inclinada hacia mí como para recibirme. Yo veía el Universo entero corriendo hacia mí, y estaba sobrecogido y temeroso... El cielo era un gran vacío atento, no lo expreso bien...; era el aspecto de una cosa extraordinariamente dotada de expresión. Todo aquel conjunto de cielo y montañas me observaba y hacia mí corría..., pero todo era frío y severo en su gran majestad. Enséñenme una cosa delicada y cariñosa... La Nela, La Nela, ¿en dónde está la Nela?

Estremecer: Asustar.

Sublimes: Excelentes.

Anonadado: Impresionado.

Al decir esto, Golfín, descubriendo nuevamente sus ojos a la luz y auxiliándoles con anteojos hábilmente graduados, le ponía en comunicación con la belleza visible.

—¡Oh, Dios mío!... ¿Esto que veo es la Nela? —exclamó Pablo con entusiasta admiración.

—Es tu prima Florentina.

—¡Ah! —dijo el joven, lleno de confusión—. Es mi

prima... Yo no tenía idea de una hermosura semejante... ¡Bendito sea el sentido que permite gozar de esta luz divina! Prima mía, eres como una música deliciosa; eso que veo me parece la expresión más clara de la armonía... ¿Y la Nela, dónde está?

—Tiempo tendrás de verla —dijo don Francisco, lleno de gozo—. Sosiégate ahora.

—¡Florentina, Florentina! —repitió el ciego con desvarío—. ¿Qué tienes en esa cara, que parece la misma idea de Dios puesta en carnes? Estás en medio de una cosa que debe de ser el sol. De tu cara salen unos como rayos..., al fin puedo tener idea de cómo son los ángeles..., y tu cuerpo, tus manos, tus cabellos vibran, mostrándome ideas preciosísimas... ¿Qué es esto?

—Principia a hacerse cargo de los colores —murmuró Golfín—. Quizás vea los objetos rodeados con los colores del iris. Aún no posee bien la adaptación a las distancias.

Iris: Arco iris.

—Te veo dentro de mis propios ojos —añadió Pablo—. Te confundes con todo lo que pienso, y tu persona visible es para mí como un recuerdo. ¿Un recuerdo de qué? Yo no he visto nada hasta ahora... ¿Habré vivido antes de esta vida? No lo sé; pero yo tenía noticias de esos tus ojos. Y tú, padre, ¿dónde estás? ¡Ah!, ya te veo. Eres tú..., se me representa contigo el amor que te tengo... ¿Pues y mi tío?... Ambos os parecéis mucho... ¿En dónde está el bendito Golfín?

—Aquí..., en la presencia de su enfermo —dijo Teodoro, presentándose—. Aquí estoy, más feo que Picio[2]... Como usted no ha visto aún leones ni perros de Terranova, no tendrá idea de mi belleza... Dicen que me parezco a aquellos nobles animales.

—Todos son buenas personas —dijo Pablo con gran candor—; pero mi prima a todos les lleva inmensa ventaja... ¿Y la Nela? Por Dios, ¿no traen a la Nela?

Candor: Inocencia.

[2] Picio es prototipo de la fealdad masculina en el habla coloquial española; se trata de un ejemplo de hipérbole.

Dijéronle que su lazarillo no parecía por la casa, ni podían ellos ocuparse en buscarla, lo que le causó profundísima pena. Procuraron calmarle, y como era de temer un acceso de fiebre, le acostaron, incitándole a dormir. Al día siguiente era grande su postración; pero de todo triunfó su naturaleza enérgica. Pidió que le enseñaran un vaso de agua, y, al verlo, dijo:

Postración: Debilidad.

—Parece que estoy bebiendo el agua solo con verla.

Del mismo modo se expresó con respecto a otros objetos, los cuales hacían la más viva impresión en su fantasía. Golfín, después de tratar de remediar la aberración de esfericidad por medio de lentes, que fue probando uno tras otro, principió a ejercitarle en la distinción y combinación de los colores; pero el vigoroso entendimiento del joven propendía siempre a distinguir la fealdad de la hermosura. Distinguía estas dos ideas en absoluto, sin que influyera nada en él ni la idea de utilidad, ni aun la de bondad. Pareciole encantadora una mariposa que, extraviada, entró en su cuarto. Un tintero le parecía horrible, a pesar de que su tío le demostró con ingeniosos argumentos que servía para poner la tinta de escribir..., la tinta de escribir. Entre una estampa del Crucificado y otra de Galatea[3] navegando sobre una concha con escolta de tritones y ninfas, prefirió esta última, lo que hizo mal efecto en Florentina, que prometió enseñarle a poner las cosas sagradas cien codos por encima de las profanas. Observaba las caras con la más viva atención, y la maravillosa concordancia de los accidentes faciales con el lenguaje le pasmaba en extremo. Viendo a las criadas y a otras mujeres de Aldeacorba, manifestó el más vivo desagrado, porque eran o feas o insignificantes. Y es que la hermosura de su prima convertía en adefesios a todas las demás mujeres. A pesar de esto, deseaba verlas a todas. Su curiosidad era

Aberración: Disparate. Se refiere a un error de la vista.

Tritones: Dioses marinos de la mitología griega.

Ninfas: Diosas menores de la mitología grecolatina.

Adefesios: Seres u objetos feísimos.

[3] Bella ninfa marina de la mitología griega, hija de Nereo y Polis. En la literatura española se identifica con la belleza femenina, puesto que lleva también este nombre la luminosa doncella protagonista de uno de los grandes poemas barrocos: la *Fábula de Polifemo y Galatea*, de Góngora.

una fiebre intensa que de ningún modo podía calmarse. Cada vez era mayor su desconsuelo por no ver a la Nela, pero en tanto rogaba a Florentina que no dejase de acompañarle un momento.

El tercer día le dijo Golfín:

—Ya se ha enterado usted de gran parte de las maravillas del mundo visible. Ahora es preciso que vea su propia persona.

Trajeron un espejo y Pablo se miró en él.

—Este soy yo... —dijo, con loca admiración—. Trabajo me cuesta el creerlo... ¿Y cómo estoy dentro de esta agua dura y quieta? ¡Qué cosa tan admirable es el vidrio! Parece mentira que los hombres hayan hecho esta atmósfera de piedra... Por vida mía, que no soy feo..., ¿no es verdad, prima? Y tú, cuando te miras aquí, ¿sales tan guapa como eres? No puede ser. Mírate en el cielo transparente y allí verás tu imagen. Creerás que ves a los ángeles cuando te veas a ti misma.

A solas con Florentina, y cuando esta le prodigaba a prima noche las atenciones y cuidados que exige un enfermo, Pablo le decía:

Prima: Espacio de tiempo en que, para los centinelas, se divide la noche; comprende desde las ocho a las once.

—Prima mía, mi padre me ha leído aquel pasaje de nuestra historia, cuando un hombre llamado Cristóbal Colón descubrió el Mundo Nuevo, jamás visto por hombre alguno de Europa. Aquel navegante abrió los ojos del mundo conocido para que viera otro más hermoso. No puedo figurármelo a él sino como a un Teodoro Golfín, y a la Europa como a un gran ciego para quien la América y sus maravillas fueron la luz. Yo también he descubierto un Nuevo Mundo. Tú eres mi América; tú eres aquella primera isla hermosa donde puso su pie el navegante. Faltole ver el continente con sus inmensos bosques y ríos. A mí también me quedará por ver quizá lo más hermoso...[4]

[4] El apasionado talante de Pablo —acentuado tras su curación— se manifiesta también en su forma de hablar; obsérvese en este caso esta artificiosa alegoría, en la que equipara lo conseguido por el doctor Golfín con lo que supuso el Descubrimiento de América.

Después cayó en profunda meditación, y al cabo de ella, preguntó:

—¿En dónde está la Nela?

—No sé qué la pasa a esa pobre muchacha —dijo Florentina—. No quiere verte, sin duda.

—Es vergonzosa y muy modesta —replicó Pablo—. Teme molestar a los de casa. Florentina, en confianza te diré que la quiero mucho. Tú la querrás mucho también. Deseo ardientemente ver a esa buena compañera y amiga mía.

—Yo misma iré a buscarla mañana.

—Sí, sí...; pero no estés mucho tiempo fuera. Cuando no te veo, estoy muy solo... Me he acostumbrado a verte, y estos tres días me parecen siglos de felicidad... No me robes ni un minuto. Decíame anoche mi padre que después de verte a ti no debo tener curiosidad de ver a mujer ninguna.

—¡Qué tontería! —dijo la señorita, ruborizándose. Hay otras mucho más guapas que yo.

—No, no; todos dicen que no —afirmó Pablo con vehemencia, y dirigía su cara vendada hacia la primita, como si al través de tantos obstáculos quisiera verla aún—. Antes me decían eso, y yo no lo quería creer; pero después que tengo conciencia del mundo visible y de la belleza real, lo creo, sí, lo creo. Eres un tipo perfecto de hermosura; no hay más allá, no puede haberlo... Dame tu mano.

El primo estrechó ardientemente entre sus manos la de la señorita.

—Ahora me río yo —añadió él— de mi ridícula vanidad de ciego, de mi necio empeño de apreciar sin vista el aspecto de las cosas... Creo que toda la vida me durará el asombro que me produjo la realidad... ¡La realidad! El que no la posee es un idiota... Florentina, yo era un idiota.

—No, primo; siempre fuiste y eres muy discreto... Pero no excites ahora tu imaginación... Pronto será hora de dormir. Don Teodoro ha mandado que no se te dé conversación a esta hora, porque te desvelas... Si no te callas, me voy.

—¿Es ya de noche?

—Sí, es de noche.

—Pues sea de noche o de día, yo quiero hablar —afirmó Pablo, inquieto en su lecho, sobre el cual reposaba vestido y muy excitado—. Con una condición me callo, y es que no te vayas de mi lado, y de tiempo en tiempo des una palmada en la cama, para saber yo que estás ahí.

—Bueno, así lo haré, y ahí va la primer fe de vida —dijo Florentina, dando una palmada en la cama.

Primer: Primera.

Fe de vida: Certificación negativa de defunción y afirmativa de existencia, dada por la autoridad competente.

—Cuando te siento reír, parece que respiro un ambiente fresco y perfumado, y todos mis sentidos antiguos se ponen a reproducirme tu persona de distintos modos. El recuerdo de tu imagen subsiste en mí de tal manera, que vendado te estoy viendo lo mismo...

—¿Vuelve la charla?... Que llamo a don Teodoro —dijo la señorita jovialmente.

—No... estate quieta. ¡Si no puedo callar!... Si callara, todo lo que pienso, todo lo que siento y lo que veo aquí dentro de mi cerebro me atormentaría más... ¿Y quieres tú que duerma?... ¡Dormir! Si te tengo aquí dentro, Florentina, dándome vueltas en el cerebro y volviéndome loco... Padezco y gozo lo que no se puede decir, porque no hay palabras para decirlo. Toda la noche la paso hablando contigo y con la Nela... ¡La pobre Nela!, tengo curiosidad de verla, una curiosidad muy grande.

—Yo misma iré a buscarla mañana... Vaya, se acabó la conversación. Calladito, o me marcho.

—Quédate... Hablaré conmigo mismo... Ahora voy a repetir las cosas que te dije anoche, cuando hablábamos solos los dos..., voy a recordar lo que tú me dijiste...

—¿Yo?

—Es decir, las cosas que yo me figuraba oír de tu boca... Silencio, señorita de Penáguilas..., yo me entiendo solo con mi imaginación.

Al día siguiente, cuando Florentina se presentó delante de su primo, le dijo:

—Traía a Mariquilla y se me escapó. ¡Qué ingratitud!

—¿Y no la has buscado?

—¿Dónde?... ¡Huyó de mí! Esta tarde saldré otra vez y la buscaré hasta que la encuentre.

—No, no salgas —dijo Pablo vivamente. Ella aparecerá, ella vendrá sola.

—Parece loca.

—¿Sabe que tengo vista?

—Yo misma se lo he dicho. Pero sin duda ha perdido el juicio. Dice que yo soy la Santísima Virgen, y me besa el vestido.

—Es que le produces a ella el mismo efecto que a todos. La Nela es tan buena... ¡Pobre muchacha! Es preciso protegerla, Florentina, protegerla, ¿no te parece?

—Es una ingrata —dijo Florentina con tristeza.

—¡Ah!, no lo creas. La Nela no puede ser ingrata. Es muy buena...; la aprecio mucho... Es preciso que la busquen y me la traigan aquí.

—Yo iré.

—No, no; tú no —dijo prontamente Pablo, tomando la mano de su prima—. La obligación de usted, señorita sin juicio, es acompañarme. Si no viene pronto el señor Golfín a levantarme la venda y ponerme los vidrios, yo me la levantaré solo. Desde ayer no te veo, y esto no se puede sufrir; no, no se puede sufrir... ¿Ha venido don Teodoro?

—Abajo está con tu padre y el mío. Pronto subirá. Ten paciencia; pareces un chiquillo de escuela.

Pablo se incorporó con desvarío.

Iniquidad: Injusticia.

—¡Luz, luz!... Es una iniquidad que le tengan a uno tanto tiempo a oscuras. Así no se puede vivir...; yo me muero. Necesito mi pan de cada día, necesito la función de mis ojos... Hoy no te he visto, prima, y estoy loco por verte. Tengo una sed rabiosa de verte. ¡Viva la realidad!... Bendito sea Dios que te crió, mujer hechicera, compendio de todas las bellezas... Pero si después de criar la hermosura, no hubiera criado Dios los corazones, ¡cuán tonta sería su obra!... ¡Luz, luz!

Subió Teodoro y le abrió las puertas de la realidad, inundando de gozo su alma. Después pasó el día tranquilo, hablando de cosas diversas. Hasta la noche no volvió a fijar la atención en un punto de su vida, que parecía alejarse y disminuir y borrarse, como las naves que en un día sereno se pierden en el horizonte. Como quien recuerda un hecho muy antiguo, Pablo dijo:

—¿No ha parecido la Nela?

Díjole Florentina que no, y hablaron de otra cosa. Aquella noche sintió Pablo a deshora ruido de voces en la casa. Creyó oír la voz de Teodoro Golfín, la de Florentina y la de su padre. Después se durmió tranquilamente, siguiendo durante su sueño atormentado por las imágenes de todo lo que había visto y por los fantasmas de lo que él mismo se imaginaba. Su sueño, que principió dulce y tranquilo, fue después agitado y angustioso, porque en el profundo seno de su alma, como en una caverna recién iluminada, luchaban las hermosuras y fealdades del mundo plástico, despertando pasiones, enterrando recuerdos y trastornando su alma toda. Al día siguiente, según promesa de Golfín, le permitirían levantarse y andar por la casa.

21

Los ojos matan

LA HABITACIÓN DESTINADA A FLORENTINA en Aldeacorba era la más alegre de la casa. Nadie había vivido en ella desde la muerte de la señora de Penáguilas; pero don Francisco, creyendo a su sobrina digna de alojarse allí, arregló la estancia con pulcritud y ciertos primores elegantes que no se conocían en vida de su esposa. Daba el balcón al mediodía y a la huerta, por lo cual la estancia hallábase diariamente inundada de gratos olores y de luz, y alegrada por el armonioso charlar de los pájaros. Florentina, en los pocos días de su residencia allí, había dado a la habitación el molde, digámoslo así, de su persona. Diversas cosas y partes de aquella daban a entender la clase de mujer que allí vivía, así como el nido da a conocer el ave. Si hay personas que de un palacio hacen un infierno, hay otras que para convertir una choza en palacio no tienen más que meterse en ella.

Era aquel día tempestuoso (y decimos aquel día, porque no sabemos qué día era: solo sabemos que era un día). Había llovido toda la mañana. Después había aclarado el cielo, y, por último, sobre la atmósfera húmeda y blanca apareció majestuoso un arco iris. El inmenso arco apoyaba uno de sus pies en los cerros de Ficóbriga, junto al mar, y el otro en el bosque de Saldeoro. Soberanamente hermoso en su sencillez, era tal que a nada puede compararse, como no sea a la representación absoluta y esencial de la forma. Es un arco iris como el resumen, o mejor dicho, principio y fin de todo lo visible.

En la habitación estaba Florentina, no ensartando perlas ni bordando rasos con menudos hilos de oro,[1] sino cortando un vestido con patrones hechos de *Imparciales*[2] y otros periódicos. Hallábase en el suelo, en postura semejante a la que toman los chicos más revoltosos cuando están jugando, y ora sentada sobre sus pies, ora de rodillas, no daba paz a las tijeras. A su lado había un montón de pedazos de lana, percal, madapolán y otras telas que aquella mañana había hecho traer a toda prisa de Villamojada, y corta por aquí, recorta por allá, Florentina hacía mangas, faldas y cuerpos. No eran un modelo de corte, ni había que fiar mucho en la regularidad de los patrones, obra también de Florentina, pero ella, reconociendo los defectos de las piezas, pensaba que en aquel arte la buena intención salva el resultado. Su excelente padre le había dicho aquella mañana al comenzar la obra:

Raso: Tela de seda lustrosa, de cuerpo entre el tafetán y el terciopelo.

Percal: Tela de algodón fina, generalmente estampada.

Madapolán: Especie de percal blanco y de buena calidad.

—Por Dios, Florentinilla, parece que ya no hay modistas en el mundo. No sé qué me da de ver a una señorita de buena sociedad arrastrándose por esos suelos de Dios con tijeras en la mano... Eso no está bien. No me agrada que trabajes para vestirte a ti misma, ¿y me ha de agradar que trabajes para las demás? ¿Para qué sirven las modistas?..., ¿para qué sirven las modistas, eh?

—Esto lo haría cualquier modista mejor que yo —repuso Florentina riendo—; pero entonces no lo haría yo, señor papá; y precisamente quiero hacerlo yo misma.

Después Florentina se quedó sola; no, no se quedó sola, porque en el testero principal de la alcoba, entre

Testero: Frente, pared.

[1] Galdós utiliza aquí una ironía de clara estirpe cervantina: recordemos el capítulo X de la 2ª parte cuando don Quijote imagina la actitud y labores que estará realizando Dulcinea cuando Sancho acuda a visitarla. Poco antes (en el capítulo VIII) el caballero asimila las tareas de su dama a las que llevaban a cabo cerca del Tajo las cuatro ninfas de la *Égloga* III de Garcilaso de la Vega.

[2] *El Imparcial* fue un periódico muy importante en el siglo XIX español: fundado en 1809, tuvo vida intermitente hasta que a partir de 1867 se convirtió en escuela de periodistas y referencia obligada para los hombres de letras.

la cama y el ropero, había un sofá de forma antigua, y sobre el sofá dos mantas, una sobre otra. En uno de los extremos asomaba entre almohadas una cabeza reclinada con abandono. Era un semblante desencajado y anémico. Dormía. Su sueño era un letargo inquieto que se interrumpía a cada instante con violentas sacudidas y terrores. Sin embargo, parecía estar más sosegada cuando al mediodía volvió a entrar en la pieza el padre de Florentina, acompañado de Teodoro Golfín.

Golfín se dirigió al sofá, y aproximando su cara, observó la de la Nela.

—Parece que su sueño es ahora más tranquilo —dijo—. No hagamos ruido.

—¿Qué le parece a usted mi hija? —dijo don Manuel riendo—. ¿No ve usted las tareas que se da?... Sea usted imparcial, señor don Teodoro: ¿no hay motivos para que me incomode? Francamente, cuando no hay necesidad de tomarse una molestia, ¿por qué se ha de tomar? Muy enhorabuena que mi hija dé al prójimo todo lo que yo le señalo para que lo gaste en alfileres; pero esto, esta manía de ocuparse ella misma en bajos menesteres... en bajos menesteres...

—Déjela usted —replicó Golfín, contemplando a la señorita de Penáguilas con cierto arrobamiento—. Cada uno, señor don Manuel, tiene su modo especial de gastar alfileres.

Arrobamiento: Embelesamiento, admiración.

—No me opongo yo a que en sus caridades llegue hasta el despilfarro, hasta la bancarrota —dijo don Manuel, paseándose pomposamente por la habitación con las manos en los bolsillos—. ¿Pero no hay otro medio mejor de hacer caridades? Ella ha querido dar gracias a Dios por la curación de mi sobrino...; muy bueno es esto, muy evangélico...; pero veamos..., pero veamos...

Detúvose ante la Nela para obsequiarla con sus miradas.

—¿No habría sido más razonable —añadió— que en vez de meternos en la casa a esta pobre muchacha hubiera organizado mi hijita una de esas útiles solemnidades que se estilan en la corte, y en las cuales sabe mostrar sus buenos sentimientos lo más selecto de la sociedad? ¿Por qué no se te ocurrió celebrar una rifa? Entre los amigos hubiéramos colocado todos los billetes reuniendo una buena suma que podrías destinar a los asilos de beneficencia. Podías haber formado una sociedad con todo el señorío de Villamojada y su término, o con todo el señorío de Santa Irene de Campó, y celebrar juntas y reunir mucho dinero... ¿Qué tal? También pudiste idear una corrida de toretes. Yo me hubiera encargado de lo tocante al ganado y lidiadores... o una función de aficionados.[3] ¡Oh! Anoche hemos estado hablando acerca de esto la señora doña Sofía y yo... Aprende, aprende de esa señora. A ella deben los pobres qué sé yo cuántas cosas. ¿Pues y las muchas familias que viven de la administración de las rifas? ¿Pues y lo que ganan los cómicos con estas funciones? ¡Oh!, los que están en el hospicio no son los únicos pobres. Me dijo Sofía que en los bailes de máscaras dados este invierno sacaron un dineral. Verdad que se llevaron gran parte la empresa del gas, el alquiler del teatro y los empleados..., pero a los pobres les llegó su pedazo de pan... O si no, hija mía, lee la estadística..., o si no, hija mía, lee la estadística.

Hospicio: Casa destinada para albergar a los pobres y a los peregrinos.

Florentina se reía, y no hallando mejor contestación que repetir una frase de Teodoro Golfín, dijo a su padre:

—Cada uno tiene su modo de gastar alfileres.

—Señor don Teodoro —indicó con desabrimiento don Manuel—, convenga usted en que no hay otra como mi hija.

Desabrimiento: Aspereza en el trato.

—Sí, en efecto —manifestó Teodoro con intención profunda, contemplando a la joven—; no hay otra como Florentina.

---

[3] Don Manuel, el acaudalado padre de Florentina, ya antes (cap. 14) había sido dibujado como el típico nuevo rico; ahora de forma más contundente se critica su inclinación a la caridad ostentosa y exhibicionista, semejante a la que preconizaba Sofía en un pasaje anterior. Galdós se distancia así de la burguesía conservadora de la época.

—Con todos sus defectos —dijo el padre acariciando a la señorita—, la quiero más que a mi vida. Esta pícara vale más oro que pesa... Vamos a ver, ¿qué te gusta más: Aldeacorba de Suso o Santa Irene de Campó?

—No me disgusta Aldeacorba.

—¡Ah, picarona!..., ya veo el rumbo que tomas... Bien, me parece bien. ¿Saben ustedes que a estas horas mi hermano le está echando un sermón a su hijo? Cosas de familia: de esto ha de salir algo bueno. Mire usted, don Teodoro, cómo se pone mi hija: ya tiene en su cara todas las rosas de mayo. Voy a ver lo que dice mi hermano..., a ver lo que dice mi hermano.

Retirose el buen hombre. Teodoro se acercó a la Nela para observarla de nuevo.

—¿Ha dormido anoche? —preguntó a Florentina.

—Poco. Toda la noche la oí suspirar y llorar. Esta noche tendrá una buena cama, que he mandado traer de Villamojada. La pondré en este cuartito que está junto al mío.

—¡Pobre Nela! —exclamó el médico—. No puede usted figurarse el interés que siento por esta infeliz criatura. Alguien se reirá de esto; pero no somos de piedra. Lo que hagamos para enaltecer a este pobre ser y mejorar su condición, entiéndase hecho en pro de una parte no pequeña del género humano. Como la Nela hay muchos miles de seres en el mundo. ¿Quién los conoce? ¿Dónde están? Están perdidos en los desiertos sociales..., que también hay desiertos sociales; están en lo más oscuro de las poblaciones, en lo más solitario de los campos, en las minas, en los talleres. Frecuentemente pasamos junto a ellos y no les vemos... Les damos limosna sin conocerles... No podemos fijar nuestra atención en esa miserable parte de la sociedad. Al principio creí que la Nela era un caso excepcional; pero no, he meditado, he recordado, y he visto que es un caso de los más comunes. Este es un ejemplo del estado a que vienen los seres moralmente organizados para el bien, para el saber, para la virtud, y que por su abandono y apartamiento no pueden desarrollar las fuerzas de su alma. Viven ciegos del espíritu, como Pablo Penáguilas ha vivido ciego del cuerpo teniendo vista[4].

Florentina, vivamente impresionada, parecía haber comprendido muy bien las observaciones de Golfín.

—Aquí la tiene usted —añadió este—. Posee una fantasía preciosa, sensibilidad viva; sabe amar con ternura y con pasión; tiene su alma aptitud maravillosa para todo aquello que del alma depende; pero al mismo tiempo está llena de las supersticiones más groseras; sus ideas religiosas son vagas, monstruosas, equivocadas; sus ideas morales no tienen más guía que el sentido natural. No tiene más educación que la que ella misma se ha dado, como planta que se fecunda con sus propias hojas secas. Nada debe a los demás. Durante su niñez no ha oído ni una lección, ni un amoroso consejo, ni una santa homilía. Se guía por ejemplos vagos que aplica a su antojo. Su criterio es suyo, propiamente suyo. Como tiene imaginación y sensibilidad, como su alma se ha inclinado desde el principio a adorar algo, ha adorado a la naturaleza lo mismo que los pueblos primitivos. Sus ideales son naturalistas y si usted no me entiende bien, querida Florentina, se lo explicaré mejor en otra ocasión.

Homilía: Sermón religioso.

Naturalista: Que profesa el naturalismo o sistema filosófico que atribuye todas las cosas a la naturaleza como primer principio.

Preeminencias: Superioridades.

»Su espíritu da a la forma, a la belleza, una preferencia sistemática. Todo su ser, sus afectos todos giran en derredor de esta idea. Las preeminencias y las altas dotes del espíritu son para ella una región confusa, una tierra apenas descubierta, de la cual no se tienen sino noticias vagas por algún viajero náufrago. La gran conquista evangélica, que es una de las más gloriosas que ha hecho nuestro espíritu, apenas llega a sus oídos como un rumor..., es como una sospecha semejante a

[4] He aquí la alegoría que se convierte en símbolo básico de la novela: la ceguera física de Pablo se corresponde con la ceguera espiritual a la que la sociedad condena a Nela y a tantos seres abandonados sin educación.

la que los pueblos asiáticos tienen del saber europeo, y si no me entiende usted bien, querida Florentina, más adelante se lo explicaré mejor...

»Pero ella está hecha para realizar en poco tiempo grandes progresos y ponerse al nivel de nosotros. Alúmbresele un poco y recorrerá con paso gigantesco los siglos...; está muy atrasada, ve poco; pero teniendo luz, andará. Esa luz no se la ha dado nadie hasta ahora, porque Pablo Penáguilas, por su ignorancia de la realidad visible, contribuía sin quererlo a aumentar sus errores. Ese idealista exagerado y loco no es el mejor maestro para un espíritu de esta clase. Nosotros enseñaremos la verdad a esta pobre criatura, resucitado ejemplar de otros siglos; le haremos conocer las dotes del alma; la traeremos a nuestro siglo; daremos a su espíritu una fuerza que no tiene; sustituiremos su naturalismo y sus rudas supersticiones con una noble conciencia cristiana. Aquí tenemos un admirable campo, una naturaleza primitiva, en la cual ensayaremos la enseñanza de los siglos; haremos rodar el tiempo sobre ella con las múltiples verdades descubiertas; crearemos un nuevo ser, porque esto, querida Florentina (no lo interprete usted mal), es lo mismo que crear un nuevo ser, y si usted no lo entiende, en otra ocasión se lo explicaré mejor.

Sabihonda: Listilla, pedante.

Florentina, a pesar de no ser sabihonda, algo creyó entender de lo que en su original estilo había dicho Golfín. También ella iba a hacer sus observaciones sobre aquel tema; pero en el mismo instante despertó la Nela. Sus ojos se revolvieron temerosos observando toda la estancia; después se fijaron alternativamente en las dos personas que la contemplaban.

—¿Nos tienes miedo? —le dijo Florentina dulcemente.

—No, señora; miedo, no —balbució la Nela—. Usted es muy buena. El señor don Teodoro también.

—¿No estás contenta aquí? ¿Qué temes?

Golfín le tomó una mano.

—Háblanos con franqueza —le dijo—: ¿a cuál de los dos quieres más, a Florentina o a mí?

La Nela no contestó. Florentina y Golfín sonreían; pero ella guardaba una seriedad taciturna.

Taciturna: Callada, silenciosa.

—Oye una cosa, tontuela —prosiguió el médico—. Ahora has de vivir con uno de nosotros. Florentina se queda aquí, yo me marcho. Decídete por uno de los dos. ¿A cuál escoges?

Marianela dirigió sus miradas de uno a otro semblante, sin dar contestación categórica. Por último, se detuvieron en el rostro de Golfín.

—Se me figura que soy yo el preferido... Es una injusticia, Nela; Florentina se va a enojar.

La pobre enferma sonrió entonces, y extendiendo una de sus débiles manos hacia la señorita de Penáguilas, murmuró:

—No quiero que se enoje.

Al decir esto, María se quedó lívida; alargó su cuello, sus ojos se desencajaron. Su oído prestaba atención a un rumor terrible. Había sentido pasos.

—¡Viene! —exclamó Golfín, participando del terror de su enferma.

—Es él —dijo Florentina, apartándose del sofá y corriendo hacia la puerta.

Era él. Pablo había empujado la puerta y entraba despacio, marchando en dirección recta, por la costumbre adquirida durante su larga ceguera. Venía riendo, y sus ojos, libres de la venda que él mismo se había levantado, miraban hacia adelante. No habiéndose familiarizado aún con los movimientos de rotación del ojo, apenas percibía las imágenes laterales. Podría decirse de él, como de muchos que nunca fueron ciegos de los ojos, que solo veía lo que tenía delante.

—Primita —dijo, avanzando hacia ella—. ¿Cómo no has ido a verme hoy? Yo vengo a buscarte. Tu papá me ha dicho que estás haciendo trajes para los pobres. Por eso te perdono.

Florentina no supo qué contestar. Estaba contrariada. Pablo no había visto al doctor ni a la Nela. Florentina, para alejarle del sofá, se había dirigido hacia el balcón, y recogiendo algunos trozos de tela, se había sentado en ademán de ponerse a trabajar. Bañábala la risueña luz del sol, coloreando espléndidamente su costado izquierdo y dando a su hermosa tez morenorosa el realce más encantador. Brillaba entonces su belleza como personificación hechicera de la misma luz. Su cabello en desorden, su vestido suelto, llevaban al último grado la elegancia natural de la gentil doncella, cuya actitud casta y noble superaba a las más perfectas concepciones del arte.

—Primito —dijo, contrayendo ligeramente el hermoso entrecejo—, don Teodoro no te ha dado todavía permiso para quitarte hoy la venda. Eso no está bien.

—Me lo dará después —replicó el mancebo riendo—. No me puede suceder nada. Me encuentro bien. Y si me sucede algo, no me importa. No, no me importa quedarme ciego otra vez después de haberte visto.

—¡Qué bueno estaría eso!... —dijo Florentina en tono de reprensión.

—Estaba en mi cuarto solo; mi padre había salido, después de hablarme de ti... Tú ya sabes lo que me ha dicho...

—No, no sé nada —replicó la joven, fijando sus ojos en la costura.

—Pues yo sí lo sé... Mi padre es muy razonable. Nos quiere mucho a los dos... Cuando mi padre salió, levanteme la venda y miré al campo... Vi el arco iris y me quedé asombrado, mudo de admiración y de fervor religioso... No sé por qué aquel sublime espectáculo, para mí desconocido hasta hoy, me dio la idea más perfecta de la armonía del mundo... No sé por qué, al mirar la perfecta unión de sus colores, pensaba en ti... No sé por qué, viendo el arco iris, dije: «Yo he sentido antes esto en alguna parte...». Me produjo sensación igual a la que sentí al verte, Florentina de mi alma. El corazón no me cabía en el pecho: yo quería llorar..., lloré mucho, y las lágrimas cegaron por un instante mis ojos. Te llamé, no me respondiste... Cuando mis ojos pudieron ver de nuevo, el arco iris había desaparecido... Salí para buscarte, creí que estabas en la huerta... Bajé, subí, y aquí estoy... Te encuentro tan maravillosamente hermosa, que me parece que nunca te he visto bien hasta hoy..., nunca hasta hoy, porque ya he tenido tiempo de comparar... He visto muchas mujeres...; todas son horribles junto a ti... ¡Si me cuesta trabajo creer que hayas existido durante mi ceguera...! No, no; lo que me ocurre es que naciste en el momento en que se hizo la luz dentro de mí; que te creó mi pensamiento en el instante de ser dueño del mundo visible... Me han dicho que no hay ninguna criatura que a ti se compare. Yo no lo quería creer; pero ya lo creo; lo creo como creo en la luz.

Diciendo esto puso una rodilla en tierra. Alarmada y ruborizada, Florentina dejó de prestar atención a la costura.

—¡Primo... por Dios!... —murmuró Florentina.

—¡Prima..., por Dios! —exclamó Pablo con entusiasmo candoroso—, ¿por qué eres tú tan bonita?... Mi padre es muy razonable..., no se puede oponer nada a su lógica ni a su bondad... Florentina, yo creí que no podía quererte; yo creí posible querer a otra más que a ti... ¡Qué necedad! Gracias a Dios que hay lógica en mis afectos... Mi padre, a quien he confesado mis errores, me ha dicho que yo amaba a un monstruo... Ahora puedo decir que idolatro a un ángel. El estúpido ciego ha visto ya, y al fin presta homenaje a la verdadera hermosura... Pero yo tiemblo..., ¿no me ves temblar? Te estoy viendo y no deseo más que poder cogerte y encerrarte dentro de mi corazón, abrazándote y apretándote contra mi pecho..., fuerte, muy fuerte.

Pablo, que había puesto las dos rodillas en tierra, se abrazaba a sí mismo.

—Yo no sé lo que siento —añadió con turbación, torpe la lengua, pálido el rostro—. Cada día descubro un nuevo mundo, Florentina. Descubrí el de la luz, descubro hoy otro. ¿Es posible que tú, tan hermosa, tan divina, seas para mí? ¡Prima, prima mía, esposa de mi alma!

Parecía que iba a caer al suelo desvanecido. Florentina hizo ademán de levantarse. Pablo le tomó una mano; después, retirando él mismo la ancha manga que lo cubría, besole el brazo con vehemente ardor, contando los besos.

—Uno, dos, tres, cuatro... ¡Yo me muero!...

—Quita, quita —dijo Florentina, poniéndose en pie y haciendo levantar tras ella a su primo—. Señor doctor, ríñale usted.

Teodoro gritó:

—¡Pronto!... ¡Esa venda en los ojos y a su cuarto, joven!

Confuso, volvió el joven su rostro hacia aquel lado. Tomando la visual recta vio al doctor junto al sofá de paja, cubierto de mantas.

—¿Está usted ahí, señor Golfín? —dijo, acercándose en línea recta.

—Aquí estoy —repuso Golfín seriamente. Creo que debe usted ponerse la venda y retirarse a su habitación. Yo le acompañaré.

—Me encuentro perfectamente... Sin embargo, obedeceré... Pero antes déjenme ver esto.

Observaba la manta, y entre las mantas una cabeza cadavérica y de aspecto muy desagradable. En efecto; parecía que la nariz de la Nela se había hecho más picuda, sus ojos más chicos, su boca más insignificante, su tez más pecosa, sus cabellos más ralos, su frente más angosta. Con los ojos cerrados, el aliento fatigoso, entreabiertos los cárdenos labios, la infeliz parecía hallarse en la postrera agonía, síntoma inevitable de la muerte.

Ralo: Cabello muy separado.

Cárdenos: De color tirando a morado.

—¡Ah! —dijo Pablo—, mi tío me dijo que Florentina había recogido a una pobre... ¡Qué admirable bondad!... Y tú, infeliz muchacha, alégrate, has caído en manos de un ángel... ¿Estás enferma? En mi casa no te faltará nada... Mi prima es la imagen más hermosa de Dios... Esta pobrecita está muy mala, ¿no es verdad, doctor?

—Sí —dijo Golfín—, le conviene estar sola y no oír hablar.

—Pues me voy.

Pablo alargó una mano hasta tocar aquella cabeza, que le parecía la expresión más triste de la miseria y de la desgracia humanas. Entonces la Nela movió los ojos y los fijó en su amo. Pablo se creyó mirado desde el fondo de un sepulcro; tanta era la tristeza y el dolor que en aquella mirada había. Después la Nela sacó de entre las mantas una mano flaca, tostada y áspera, y tomó la mano del señorito de Penáguilas, quien, al sentir su contacto, se estremeció de pies a cabeza y lanzó un grito en que toda su alma gritaba.

Hubo una pausa angustiosa, una de esas pausas que preceden a las catástrofes del espíritu, como para hacerlas más solemnes. Con voz temblorosa, que en todos produjo trágica emoción, la Nela dijo:

—Sí, señorito mío, yo soy la Nela.[5]

Lentamente, y como si moviera un objeto de mucho peso, llevó a sus secos labios la mano del señorito y le dio un beso..., después un segundo beso... y al dar el tercero, sus labios resbalaron inertes sobre la piel del mancebo.

Después callaron todos. Callaban mirándola. El primero que rompió la palabra fue Pablo, que dijo:

—¡Eres tú..., eres tú!...

Pasaron por su mente ideas mil; mas no puedo expresar ninguna. Era preciso para ello que hubiera des-

---

[5] Este momento se corresponde con el clímax de la novela, tan largamente preparado mediante sugerencias e indicios repartidos a lo largo de la trama. A partir de aquí se produce el aumento artificial de la tensión mediante una serie de gestos y afirmaciones cargados de efectismo, como la situación final de la protagonista con las manos de Pablo y Florentina agarradas sobre su pecho.

cubierto un nuevo lenguaje, así como había descubierto dos nuevos mundos: el de la luz y el del amor por la forma. No hacía más que mirar, mirar y hacer memoria de aquel tenebroso mundo en que había vivido, allá donde quedaban perdidos entre la bruma sus pasiones, sus ideas y sus errores de ciego.

Florentina se acercó derramando lágrimas para examinar el rostro de la Nela, y Golfín, que la observaba como hombre y como sabio, pronunció estas lúgubres palabras:

—¡La mató! ¡Maldita vista suya!

Y después, mirando a Pablo con severidad, le dijo:

—Retírese usted.

—Morir... morirse así, sin causa alguna... Esto no puede ser —exclamó Florentina con angustia poniendo la mano sobre la frente de la Nela—. ¡María!... ¡Marianela!

La llamó repetidas veces, inclinada sobre ella, mirándola como se mira y como se llama, desde los bordes de un pozo, a la persona que se ha caído en él y se sumerge en las hondísimas y negras aguas.

—No responde —dijo Pablo con terror.

Golfín tentaba aquella vida próxima a su extinción, y observó que bajo su tacto aún latía la sangre.

Pablo se inclinó sobre ella, acercó sus labios al oído de la moribunda y gritó:

—¡Nela, Nela, amiga querida!

Entonces ella se agitó, abrió los ojos, movió las manos. Parecía que había vuelto desde muy lejos. Al ver que las miradas de Pablo se clavaban en ella con observadora curiosidad, hizo un movimiento de vergüenza y terror, y quiso ocultar su pobre rostro como se oculta un crimen.

—¿Qué es lo que tiene? —exclamó Florentina con ardor—. Don Teodoro, no es usted hombre si no la salva... Si no la salva usted, es usted un charlatán.

La insigne joven parecía colérica en fuerza de ser caritativa.

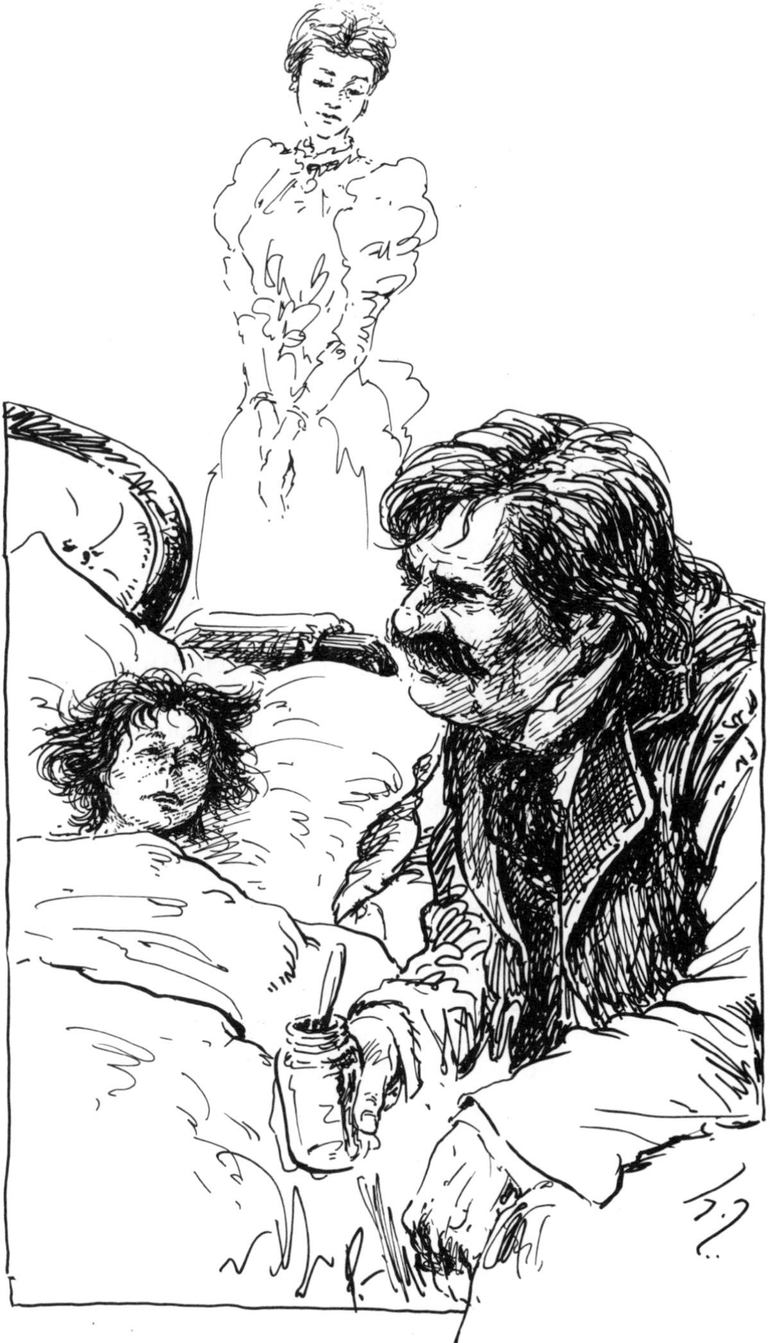

—¡Nela! —repitió Pablo, traspasado de dolor y no repuesto del asombro que le había producido la vista de su lazarillo—. Parece que me tienes miedo. ¿Qué te he hecho yo?

La enferma alargó entonces sus manos, tomó la de Florentina y la puso sobre su pecho; tomó después la de Pablo y la puso también sobre su pecho. Después las apretó allí desarrollando un poco de fuerza. Sus ojos hundidos les miraban; pero su mirada era lejana, venía de allá abajo, de algún hoyo profundo y oscuro. Hay que decir, como antes, que miraba desde el lóbrego hueco de un pozo que a cada instante era más hondo. Su respiración fue de pronto muy fatigosa. Suspiró varias veces oprimiendo sobre su pecho con más fuerza las manos de los dos jóvenes. Teodoro puso en movimiento toda la casa; llamó y gritó; hizo traer medicinas, poderosos revulsivos, y trató de suspender el rápido descenso de aquella vida.

Lóbrego: Oscuro.

Revulsivos: Estimulantes.

—Difícil es —exclamó— detener una gota de agua que resbala, que resbala, ¡ay!, por la pendiente abajo y está ya a dos pulgadas del océano; pero lo intentaré.

Mandó retirar a todo el mundo. Solo Florentina quedó en la estancia. ¡Ah!, los revulsivos potentes, los excitantes nerviosos, mordiendo el cuerpo desfallecido para irritar la vida, hicieron estremecer los músculos de la infeliz enferma; pero a pesar de esto, se hundía más a cada instante.

—Es una crueldad —dijo Teodoro con desesperación, arrojando la mostaza y los excitantes—, es una crueldad lo que estamos haciendo. Echamos perros al moribundo para que el dolor de las mordidas le haga vivir un poco más. Afuera todo eso.

—¿No hay remedio?

—El que mande Dios.

—¿Qué mal es este?

—La muerte —vociferó con cierta inquietud delirante, impropia de un médico.

—¿Pero qué mal le ha traído la muerte?

—La muerte.

—No me explico bien. Quiero decir que de qué...

—¡De muerte! No sé si pensar que ha muerto de vergüenza, de celos, de despecho, de tristeza, de amor contrariado. ¡Singular patología! No, no sabemos nada..., solo sabemos cosas triviales.

Patología: Enfermedad.

—¡Oh!, ¡qué médicos!

—Nosotros no sabemos nada. Conocemos algo de la superficie.

—¿Esto qué es?

—Parece una meningitis fulminante.

Meningitis: Inflamación de las meninges o membrana que, junto con otras dos, envuelve el encéfalo y la médula espinal.

—¿Y qué es eso?

—Cualquier cosa... ¡La muerte!

—¿Es posible que se muera una persona sin causa conocida, casi sin enfermedad?... Señor Golfín, ¿qué es esto?

—¿Lo sé yo acaso?

—¿No es usted médico?

—De los ojos, no de las pasiones.

—¡De las pasiones! —exclamó, hablando con la moribunda—. Y a ti, pobre criatura, ¿qué pasiones te matan?

—Pregúntelo usted a su futuro esposo.

Florentina se quedó absorta, estupefacta.

—¡Infeliz! —exclamó con ahogado sollozo—. ¿Puede el dolor moral matar de esta manera?

—Cuando yo la recogí en la Trascava, estaba ya consumida por una fiebre espantosa.

—Pero eso no basta, ¡ay!, no basta.

—Usted dice que no basta. Dios, la naturaleza, dicen que sí.

—Si parece que ha recibido una puñalada.

—Recuerde usted lo que han visto hace poco estos ojos que se van a cerrar para siempre. Considere usted que la amaba un ciego, y que ese ciego ya no lo es, y la ha visto... ¡La ha visto!... ¡La ha visto!, lo cual es como un asesinato.

—¡Oh!, ¡qué horroroso misterio!

—No, misterio no —gritó Teodoro con cierto espanto—; es el horrendo desplome de las ilusiones, es el brusco golpe de la realidad, de esa niveladora implacable que se ha interpuesto al fin entre esos dos nobles seres. ¡Yo he traído esa realidad, yo!

—¡Oh!, ¡qué misterio! —repitió Florentina, que no comprendía bien por el estado de su ánimo.

—Misterio no, no —volvió a decir Teodoro, más agitado a cada instante—; es la realidad pura, la desaparición súbita de un mundo de ilusiones. La realidad ha sido para él nueva vida; para ella ha sido dolor y asfixia, ha sido la humillación, la tristeza, el desaire, el dolor, los celos..., ¡la muerte!

—Y todo por...

—¡Todo por unos ojos que se abren a la luz..., a la realidad!... No puedo apartar esta palabra de mi mente. Parece que la tengo escrita en mi cerebro con letras de fuego.

—Todo por unos ojos... ¿Pero el dolor puede matar tan pronto?..., ¡casi sin dar tiempo a ensayar un remedio!

—No sé —replicó Teodoro inquieto, confundido, aterrado, contemplando aquel libro humano de caracteres oscuros, en los cuales la vista científica no podía descifrar la leyenda misteriosa de la muerte y la vida.

—¡No sabe! —dijo Florentina con desesperación—. Entonces, ¿para qué es médico?

—No sé, no sé, no sé —exclamó Teodoro, golpeándose el cráneo melenudo con su zarpa de león—. Sí, una cosa sé, y es que no sabemos más que fenómenos superficiales. Señora, yo soy un carpintero de los ojos nada más.[6]

Después fijó los suyos con atención profunda en

[6] Estas palabras del doctor Golfín —hasta este momento defensor de la educación, el progreso y la ciencia— podrían interpretarse como la constatación de los límites del positivismo: el adelanto científico —en este caso, la exitosa operación de Pablo— ha traído aparejada la irreparable desgracia de Nela.

aquello que fluctuaba entre persona y cadáver, y con acento de amargura exclamó:

—¡Alma!, ¿qué pasa en ti?

Florentina se echó a llorar.

—¡El alma —murmuró, inclinando su cabeza sobre el pecho— ya ha volado!

—No —dijo Teodoro, tocando a la Nela—. Aún hay aquí algo; pero es tan poco, que parece ha desaparecido ya su alma y han quedado sus suspiros.

—¡Dios mío!... —exclamó la de Penáguilas, empezando una oración.

—¡Oh!, ¡desgraciado espíritu! —dijo Golfín—. Es evidente que estaba muy mal alojado...

Los dos la observaron entonces muy de cerca.

—Sus labios se mueven —gritó Florentina.

—Habla.

Sí, los labios de la Nela se movieron. Había articulado una, dos, tres palabras.

—¿Qué ha dicho?

—¿Qué ha dicho?

Ninguno de los dos pudo comprenderlo. Era sin duda el idioma con que se entienden los que viven la vida infinita.

Después sus labios no se movieron más. Estaban entreabiertos y se veía la fila de blancos dientecillos. Teodoro se inclinó, y besando la frente de la Nela, dijo así, con firme acento:

—Mujer, has hecho bien en dejar este mundo.

Florentina se echó a llorar, murmurando con voz ahogada y temblorosa:

—Yo quería hacerla feliz, y ella no quiso serlo.

22

¡Adiós!

¡COSA RARA, INAUDITA! La Nela, que nunca había tenido cama, ni ropa, ni zapatos, ni sustento, ni consideración, ni familia, ni nada propio, ni siquiera nombre, tuvo un magnífico sepulcro, que causó no pocas envidias entre los vivos de Socartes. Esta magnificencia póstuma fue la más grande ironía que se ha visto en aquellas tierras calaminíferas. La señorita Florentina, consecuente con sus sentimientos generosos, quiso atenuar la pena de no haber podido socorrer en vida a la Nela, con la satisfacción de honrar sus pobres despojos después de la muerte. Algún positivista empedernido[1] criticola por esto; pero nosotros vemos en tan desusado hecho una prueba más de la delicadeza de su alma.

Magnificencia: Riqueza.
Calaminíferas: Que contienen calamina.
Despojos: Restos.
Positivista: Materialista.
Empedernido: Incorregible.

Cuando la enterraron, los curiosos que fueron a verla —¡esto sí que es inaudito y raro!— la encontraron casi bonita; al menos así lo decían. Fue la única vez que recibió adulaciones.

Los funerales se celebraron con pompa, y los clérigos de Villamojada abrieron tamaña boca al ver que se les daba dinero por echar responsos a la hija de la Canela. Era estupendo, fenomenal, que un ser cuya importancia social había sido casi casi semejante a la de

[1] A modo de anticlímax tras el efectismo del episodio anterior, el narrador da rienda suelta en este último capítulo a la ironía contra el conocimiento positivo, ejemplificándolo con la transformación que se hace de la personalidad y circunstancias de Marianela.

los insectos, fuera causa de encender muchas luces, de tender muchos paños y de poner roncos a sochantres y sacristanes. Esto, a fuerza de ser extraño, rayaba en lo chistoso. No se habló de otra cosa en seis meses.

Sochantres: Los que cantan en los oficios religiosos.

La sorpresa y..., dígase de una vez, la indignación de aquellas buenas muchedumbres llegaron a su colmo cuando vieron que por el camino adelante venían dos carros cargados con enormes piezas de piedra blanca y fina. ¡Ah!, en el entendimiento de la Señana se verificaba una espantosa confusión de ideas, un verdadero cataclismo intelectual, un caos, al considerar que aquellas piedras blancas y finas eran el sepulcro de la Nela. Si ante la Señana volara un buey o discurriera su marido, ya no le llamaría la atención.

Cataclismo: Gran trastorno.

Revolvieron los libros parroquiales de Villamojada, porque era preciso que después de muerta tuviera un nombre fijo la que se había pasado sin él la vida, como lo prueba esta misma historia, donde se la nombra de distintos modos. Hallado aquel requisito indispensable para figurar en los archivos de la muerte, la magnífica piedra sepulcral, que se ostentaba orgullosa en medio de las rústicas cruces del cementerio de Aldeacorba, tenía grabados estos renglones:

R.I.P.

MARÍA MANUELA TÉLLEZ
RECLAMOLA EL CIELO

EN 12 DE OCTUBRE DE 186...

Una guirnalda de flores primorosamente tallada en el mármol coronaba esta inscripción. Algunos meses después, cuando ya Florentina y Pablo Penáguilas se habían casado, y cuando (dígase la verdad, porque la verdad es antes que todo)..., cuando nadie en Aldeacorba de Suso se acordaba ya de la Nela, fueron viajando por aquellos países unos extranjeros de esos que

Túmulo: Sepulcro levantado en la tierra.

Andrajos: Ropas viejas y rotas.

Trovador: Poeta popular.

Muletero: Mulatero. El que alquila mulos.

Kermesas: Kermés. Fiesta de carácter popular con feria y diversiones, a veces organizada con fines benéficos.

Rail: Ferrocarril (voz inglesa).

Abigarrada: Recargada, chillona.

Ricahembra: Hija o mujer de grande o de ricohombre.

Saraos: bailes nocturnos.

Cañas: Antigua fiesta en que varias cuadrillas a caballo se arrojaban recíprocamente cañas, resguardándose de ellas con escudos.

llaman *turistas,* y luego que vieron el soberbio túmulo de mármol alzado en el cementerio por la piedad religiosa y el afecto sublime de una ejemplar mujer, se quedaron embobados de admiración, y sin más averiguaciones escribieron en su cartera de apuntes estas observaciones, que con el título de *Sketches from Cantabria*[2] publicó más tarde un periódico inglés:

«Lo que más sorprende en Aldeacorba es el espléndido sepulcro erigido en el cementerio sobre la tumba de una ilustre joven, célebre en aquel país por su hermosura. *Doña Mariquita Manuela Téllez* perteneció a una de las familias más nobles y acaudaladas de Cantabria: la familia de Téllez Girón y de Trastámara.[3] De un carácter *espiritual,* poético y algo caprichoso, tuvo el antojo *(take a fancy)* de andar por los caminos tocando la guitarra y cantando odas de Calderón[4], y se vestía de andrajos para confundirse con la turba de mendigos, buscones, *trovadores,* toreros, frailes, hidalgos, gitanos y *muleteros,* que en las *kermesas* forman esa abigarrada plebe española que subsiste y subsistirá siempre, independiente y pintoresca, a pesar de los *rails* y de los periódicos que han empezado a introducirse en la Península Occidental. El *abad* de Villamojada lloraba hablándonos de los caprichos, de las virtudes y de la belleza de la aristocrática ricahembra, la cual sabía presentarse en los saraos, fiestas y *cañas* de Madrid con el porte *(deportment)* más aristocrático. Es incalculable el número de bellos *romanceros,* sonetos y madrigales compuestos en honor de esta gentil doncella por todos los poetas españoles».

[2] La traducción sería «Instantáneas de Cantabria»; constituye el dato clave para la localización geográfica de la novela.

[3] Estos apellidos figuran entre los más ilustres de Castilla; recuérdese que Trastámara fue la dinastía castellana que tras el Compromiso de Caspe se hizo cargo de la corona de Aragón en el siglo XIV.

[4] El narrador se refiere aquí a Pedro Calderón de la Barca (1600-1681), el más ilustre de los dramaturgos españoles de la época áurea.

Bastome leer esto para comprender que los dignos *reporters* habían visto visiones. Traté de averiguar la verdad y de la verdad que averigüé resultó este libro.[5]

Despidámonos para siempre de esa tumba, de la cual se ha hablado en El *Times*[6]. Volvamos los ojos hacia otro lado; busquemos a otro ser, rebusquémosle, porque es tan chico que apenas se ve; es un insecto imperceptible, más pequeño sobre la faz del mundo que el *philloxera* en la breve extensión de la viña. Al fin le vemos; allí está, pequeño, mezquino, atomístico. Pero tiene alientos y logrará ser grande. Oíd su historia, que es de las más interesantes.

Pues, señor...

Pero no: este libro no le corresponde. Acoged bien el de Marianela, y a su debido tiempo se os dará el de Celipín.[7]

Philloxera: En latín, insecto que ataca las raíces de la vid.

Mezquino: Miserable.

Atomístico: Diminuto.

Madrid, enero de 1878.

[5] El narrador se preocupa al final por justificar el origen de este libro acentuando de paso la verosimilitud de su historia: sería el fruto de sus investigaciones a partir de la disparatada versión de los reporteros *(reporters)* británicos.

[6] El más famoso de los periódicos ingleses, fundado en 1788.

[7] Ese libro sería *El doctor Centeno* (1883), novela de gran calidad ambientada en Madrid, pero en la que —pese al título— el Celipín mayor ocupa un papel secundario: no ha llegado a realizar el sueño de estudiar la carrera de Medicina y termina por ganarse la vida como criado —casi lazarillo— del señorito Alejandro Miquis.

Orientaciones para el estudio de la obra

PROPUESTA DE ACTIVIDADES

Esta propuesta de actividades va acompañada de orientaciones que facilitan su realización y se ordena en tres apartados bien diferenciados:

I. CONTROL DE LECTURA: referido al desarrollo argumental de la historia contada en la novela, es la parte más sencilla; tan solo pretende dar cuenta de su lectura.
II. ESTUDIO DE LA OBRA: consiste en la interpretación y análisis de la novela en sus diferentes aspectos temáticos y formales; supone un acercamiento ya más profundo.
III. ACTIVIDADES DE RECREACIÓN LITERARIA: leída y bien entendida la novela, se trata ahora de recrear ciertos aspectos relacionándola con otras obras y reescribiendo algunos episodios que tengan mayor interés, tanto en su relación con el pasado como con el presente.

Por falta de tiempo será normal que no se puedan completar todas las actividades propuestas. Naturalmente cada profesor en el aula conoce bien a sus alumnos y al grupo en su conjunto. En este caso nadie mejor que el profesor para seleccionar qué actividades conviene hacer en cada curso.

I. CONTROL DE LECTURA

❑ Resume el argumento de la obra.

❑ Ahora en tres o cuatro líneas escribe lo que consideras tú la idea principal o el «mensaje» que el autor quiere transmitir.

❑ Resume los orígenes familiares de Nela.

❑ Explica qué es lo que causa la muerte de Marianela y cómo podría haberse evitado.

❑ Señala cuál es el personaje que mejor te cae de la novela. Justifica la respuesta.

❑ También habrá algún personaje que te resulte menos simpático. Localízalo y explica sus cualidades negativas.

❑ La primera vez que ve a Florentina, Marianela la confunde con una conocidísima figura. Señala de quien se trata y las razones de esa confusión.

❑ Resume en media página la infancia y juventud de los hermanos Golfín.

❑ ¿Qué diferencias encuentras entre la forma de reaccionar ante el mundo de Teodoro Golfín y Marianela? Justifica la respuesta.

❑ En la novela aparecen dos parejas de hermanos. Escribe el nombre y apellidos de cada uno de ellos. A continuación define brevemente la manera de ser de los cuatro.

❑ En los capítulos 19 y 21 se expone la «tesis» de la novela; subraya aquellos pasajes donde aparece formulada.

❑ Redacta unas líneas acerca de lo que ocurrió con la figura de Marianela después de su muerte.

❑ ¿Qué ocurrió luego con Pablo y Florentina? Localiza el pasaje de la novela donde se alude a su trayectoria posterior.

II. ESTUDIO DE LA OBRA

El marco histórico

La época en que se sitúa la acción

No existen en *Marianela* referencias precisas —fechas, batallas, pronunciamientos políticos— que permitan localizar su acción en un momento histórico concreto; algo no demasiado frecuente en Galdós, autor muy aficionado a mezclar historia y ficción, como se aprecia en los *Episodios Nacionales.* Cabe situar la novela en el último tercio del siglo XIX, período inmediato a la Restauración monárquica.

❑ Localiza y señala el único dato cronológico que figura en la obra.

❑ Entre los personajes hay algunos que pueden identificarse claramente con las tradicionales clases sociales del período de la Restauración. Busca dichos personajes y comenta la actitud que hacia ellos mantiene el narrador.

Temas e ideología

No se puede reducir esta novela a una tesis sencilla y unidireccional, como era habitual en las primeras producciones narrativas de Galdós, Pereda o Alarcón; da la impresión de que aquí el escritor canario se propuso una triple labor:

Descripción de ambientes

1) Labor documental: describiendo ambientes y denunciando ciertas lacras sociales, como el trabajo en las minas, la mezquindad de la vida de los campesinos modestos, la irresponsabilidad de los padres con respecto a la educación de los hijos, la caridad burguesa y convencional.

Galdós denuncia las condiciones de vida de los campesinos y trabajadores pobres a través de la descripción de ambientes, como su espacio doméstico. Vivienda-taller de un artesano de la seda de Lyon, *grabado de la época.*

❑ Señala dónde aparece cada uno de estos temas en el texto.

❑ Pon en una columna los nombres de personajes que entran dentro del campesinado pobre; enfrente sitúa a los campesinos acomodados. A continuación de cada columna enumera los rasgos que definen a unos y a otros.

❑ Selecciona y comenta las dos descripciones que más te hayan satisfecho de la novela.

Males individuales

2) Labor progresista o positivista: el narrador muestra a lo largo de la novela su convicción de que los males individuales y colectivos se pueden solucionar mediante la educación y el progreso:

a) Individuales: la medicina cura la ceguera de Pablo.

❑ Analiza con detalle lo que espera Pablo cuando recupere la vista.

b) Colectivos: la educación sacó a los Golfines de la pobreza; en ellos se fija Celipín para emprender camino a Madrid con la intención de hacerse médico; Golfín confía en que la instrucción sacará a Nela también de su estado medio salvaje. *Males colectivos*

❑ Resume los motivos que llevan a Celipín a abandonar su casa. ¿Qué razones tiene Nela para no seguirle?

❑ Repasa los discursos de Teodoro Golfín en el capítulo 19: ¿Por qué se titula «Domesticación»? ¿Cuáles son las razones (según él) de la marginación de Nela?

3) Labor escéptica y desmitificadora: también aquí a un doble nivel:

a) Se muestra al final lo que hay de negativo en el progreso indiscriminado; recordemos que la curación de Pablo rompe el estado de paz idílica en que transcurría su vida al lado de Nela. Ella se convierte entonces en la víctima del éxito médico al igual que antes lo había sido de la falta de educación. *La idea de progreso*

❑ Subraya los comentarios que a lo largo de la novela manifiestan la desconfianza o el miedo de la protagonista hacia la intervención quirúrgica.

❑ Comenta estas palabras del médico al contemplar los efectos negativos de su actuación: «¡La mató! ¡Maldita vista suya!».

❑ ¿Cómo definirías la actitud de Florentina tras la última escena?

❑ A la vista de lo anterior, ¿podría considerarse *Marianela* un precedente de la literatura ecologista? Justifica la respuesta.

❑ ¿Estás de acuerdo con un ilustre crítico galdosiano que considera *Marianela* como la novela más pesimista del autor? Contesta por extenso.

b) De forma amable e irónica recoge el narrador la transformación de la historia en leyenda, es decir, la falsificación de la historia real por obra de los reporteros ingleses, contra cuyos errores se ha visto obligado a escribir la novela. *La ironía*

❑ Intenta localizar algún refrán tradicional castellano —puedes preguntar a tus padres o abuelos— que resuma la suerte final de la Nela: querida, homenajeada e inmortalizada en una tumba de extraordinaria riqueza cuando ella ya no puede disfrutarlo.

❑ Señala y comenta los elementos irónicos que se perciben en el capítulo último. ¿Qué actitud manifiesta Galdós hacia los turistas? Justifica la respuesta.

Los personajes

Un gran creador de personajes

Galdós fue un gran creador de personajes, muchos de ellos han quedado identificados para la posteridad por algún rasgo dominante de su personalidad; de hecho, buena parte de sus novelas se titulan con el nombre del protagonista: *Doña Perfecta, Fortunata y Jacinta, Miau, La de Bringas,* y por supuesto, *Marianela.* En este sentido queda claro que ella representa la figura más importante de la obra; sin embargo esta novela se singulariza entre las creaciones de Galdós por la escasa nómina de personajes que aparecen: el autor ha renunciado aquí a trazar aquellas impresionantes radiografías de un sector social madrileño, para fijarse en la relación entre unos pocos individuos, entre los que destacan claramente tres: Nela, Pablo y el doctor Golfín. Los otros representan rasgos —positivos o negativos— de clases sociales concretas: burguesía, nuevo rico, campesino rico, campesino pobre. Coloca a cada uno de los secundarios dentro de estos ámbitos sociales.

❑ Define en cuatro líneas el carácter de los tres personajes principales antes citados.

Personajes redondos y personajes planos

❑ Un teórico de la novela distinguió dos tipos de personajes: *redondos,* complejos, que evolucionan a lo largo de la obra, y *planos,* invariables o esquemáticos. Teniendo en cuenta esta distinción, cómo definirías a los protagonistas de esta novela.

❑ Acerquémonos a la figura de Marianela; explica cuáles son a tu juicio las razones de su muerte. ¿Te parece la suya una reacción excesiva tras descubrir el amor entre Pablo y Florentina?

❑ Nela es uno de los pocos personajes del cual se precisa su edad. ¿Cuántos años tiene? ¿Se corresponde su manera de actuar con esa edad? Contesta con cierta extensión. *Nela*

❑ Subraya y repasa las veces que Marianela se desprecia a sí misma. ¿Consideras que otorga ella demasiada importancia a la belleza física? Justifica la respuesta.

❑ Señala y comenta los rasgos de animalización que aparecen en el capítulo 4 a la hora de presentar a Nela dentro de la casa de la familia Centeno.

❑ Comenta esta interpretación de la situación final de la protagonista: «Nela no puede ya vivir porque no cree en sí misma. Es un estorbo en el mundo» (José F. Montesinos).

❑ Vuelve a leer ahora los capítulos 8 y 20 ¿qué opinión te merece la evolución sentimental de Pablo? La consideras justificada; contesta por extenso. *Pablo*

❑ Resume en pocas palabras lo que representa Florentina en la novela. *Florentina*

La estructura

Es sabido que al analizar una novela suele distinguirse entre la estructura externa (división del argumento en partes, capítulos o secuencias; distribución del contenido) y la estructura interna, que implica el acercamiento a los elementos que desde dentro identifican el relato: voz narrativa, espacio y tiempo. Veamos como se organiza todo ello en el texto que nos ocupa.

ESTRUCTURA EXTERNA

La novela presenta una organización tradicional, distribuida en 22 capítulos con sus respectivos títulos.

❑ ¿Consideras que esos títulos se relacionan con el contenido de la trama?

❑ Subraya y comenta aquellos títulos que reflejan la actitud del narrador ante la materia novelesca.

Organización de la novela

Desde un punto de vista más general, la acción de *Marianela* se articula en una serie de bloques sucesivos: se inicia con la presentación de los personajes que culmina con la conversación de los tres jóvenes; a continuación viene un capítulo que puede calificarse de eje temático de la obra porque sucede allí el acontecimiento que modifica la existencia de los protagonistas; luego se desarrollan las consecuencias de ese hecho; después sigue el desenlace, precedido del clímax o momento de máxima tensión emocional, para acabar con una especie de epílogo irónico.

❑ Señala los capítulos correspondientes a cada una de estas partes.

ESTRUCTURA INTERNA

Como hemos señalado en alguna de las notas a pie de página, la novela aparece narrada en tercera persona por un narrador omnisciente que conoce el pasado y el presente, el pensamiento y el comportamiento de todos los personajes. Así mismo organiza a su antojo los distintos elementos de la trama, llegando en ocasiones a tomarse aparentemente a broma la misma historia que nos está contando. En definitiva, se trata de una voz narrativa cercana que lleva de la mano al lector a lo largo de toda la obra.

El narrador

❑ Selecciona algún pasaje en donde el narrador se dirige directamente al lector de la novela.

❑ Localiza y comenta alguno de los momentos en los que aparece la ironía del narrador con respecto a la historia narrada.

❑ Con frecuencia se deslizan algunos indicios o anticipaciones del conflicto central de la novela. Señala uno al que no se haya hecho referencia en las notas.

❑ Busca en el texto el momento en el que el narrador justifica las razones para escribir *Marianela.*

❑ Localiza alguno de los pasajes escritos en estilo indirecto libre. Después, reescríbelos en estilo directo, como si fuera un monólogo interior en primera persona.

Marianela, *dejando a un lado los* Episodios Nacionales, *es una de las pocas novelas de Galdós que se desarrollan fuera de Madrid. La descripción del paisaje ocupa en esta obra un importante lugar.* Picos de Europa, *de Carlos Haes (siglo XIX).*

❑ Analiza otros rasgos de la literatura realista que aparezcan en la novela.

El tratamiento del tiempo

Las referencias temporales

Por lo que respecta al tratamiento del tiempo *Marianela* apenas ofrece complicaciones; estamos ante un relato con desarrollo cronológico sucesivo y ordenado, a excepción de un par de momentos en los que se produce una retrospección *o flash back* con objeto de registrar acontecimientos acaecidos en momentos anteriores. A través de las referencias temporales internas podemos concluir que la acción transcurre en un corto período de tiempo —apenas dos meses— en tanto que el narrador escribe su historia bastante tiempo después.

❑ Sitúa y comenta la función de las dos retrospecciones temporales que aparecen en *Marianela.*

❑ Localiza las referencias al momento en que trascurre la acción que se insertan a lo largo de la novela. Para empezar recuerda que al final del segundo capítulo se dice que «el fresco de septiembre no es bueno...».

❑ Calcula aproximadamente el tiempo pasado desde que murió Marianela hasta que la novela llega al lector. Según eso, ¿en qué año más o menos discurre la acción?

El tratamiento del espacio

Como antes se afirmó, esta es una de las pocas novelas de Galdós —al margen de los *Episodios Nacionales*— que se desarrolla fuera de Madrid. El espacio geográfico general es el de la región de Cantabria, bien conocida por Galdós que la recorrió a menudo en compañía de su amigo Pereda, dado que pasaba los veranos en su finca de Santander. Dentro de ese marco general se distinguen tres espacios básicos: el campo (paisaje rural), las minas (paisaje industrial) y los interiores domésticos, que a su vez ofrecen dos vertientes: la casa pobre de los Centeno y la casa rica o acomodada de los Penáguilas. Todos ellos se describen con habilidad y detalle.

Localización geográfica

❑ Localiza y anota los principales topónimos que aparecen en el libro. ¿Te parece que alguno de ellos encierra algún contenido simbólico o expresivo? En tal caso identifícalo y explica su sentido.

❑ Selecciona aquellos rasgos del paisaje rural que se identifiquen con la geografía y el clima de la cornisa cantábrica.

❑ Pese a la ubicación santanderina, Madrid también está presente en *Marianela*. Localiza y comenta la función que la capital de España cumple en el relato.

❑ Selecciona y comenta la descripción del espacio que más te haya gustando en la novela.

❑ Tras la lectura de las principales páginas descriptivas ¿te parece que Galdós se limita a describir de forma absolutamente objetiva e imparcial lo que ve? Justifica la respuesta.

Lenguaje y estilo

Los escritores de la generación posterior —modernistas y noventayochistas—, con Valle Inclán a la cabeza, no tuvieron en gran aprecio el estilo de Galdós, para quien desde luego el lenguaje no representaba el valor principal de una novela. Por lo que respecta a *Marianela* cabe señalar el uso de diversos niveles de lenguaje: retórico y solemne en los discursos de Golfín o las apasionadas declaraciones de amor de Pablo; coloquial con algún regionalismo en la voz de Celipín; científico—técnico cuando se describe el aspecto de la mina o la ceguera del protagonista y su curación; por último está la expresión sencilla, natural (lenguaje corriente) usada las más de las veces por el narrador. Destaquemos no obstante en su expresión algunas construcciones verbales arcaizantes y cierta tendencia a humanizar las descripciones del paisaje mediante la personificación.

Diversos niveles de lenguaje

❑ Localiza y pon ejemplos de cada uno de estos niveles de lenguaje.

❑ Subraya unas cuantas formas verbales arcaizantes y sustitúyelas por otras plenamente actuales.

❑ Busca alguna descripción en la que se produzca la humanización del paisaje; subraya aquellos términos en los que adviertas esa personificación de forma más clara.

Personificación del paisaje

❑ En alguna ocasión el discurso amoroso de Pablo puede caer en la cursilería ¿Estás de acuerdo? En ese caso selecciona alguno de estos pasajes y reescríbelos en tono más mesurado.

❑ Vuelve a leer los últimos párrafos del capítulo cuarto. ¿Qué figura literaria predomina? Comenta su función expresiva.

❑ En un momento determinado se introducen en el texto unas cuantas palabras en inglés. ¿Qué sentido tienen a esas alturas de la novela?

❑ Relaciona la lengua y el estilo de *Marianela* con el ideal literario del Realismo.

III. RELACIONES Y RECREACIONES

Se incluyen aquí como última etapa en la lectura de *Marianela* varias actividades que se basan en dos aspectos: de un lado, las relaciones de la novela con otras en las que se abordan temas semejantes; de otro, algunas propuestas de trabajo para que los alumnos más aficionados a la escritura puedan recrear situaciones o inventar otras a partir de escenas o personajes concebidos por Galdós. De todas ellas cada uno puede elegir las que más se acercan a su gusto personal.

Relación con otras obras y manifestaciones culturales

No hace mucho se ha reeditado en España la novela del escritor austríaco Stefan Zweig titulada *La piedad peligrosa*; he aquí a grandes rasgos su argumento:

La narración se pone en boca de Hoffmiller, máximo héroe vivo del ejército austríaco, que dos décadas atrás vegetaba como teniente de caballería en una ciudad perdida en plena estepa húngara. Apuesto, simpático y de carácter vehemente, fue invitado entonces por casualidad a la fiesta en casa de un multimillonario noble de origen judío. Animado por los licores y el lujoso ambiente, saca a bailar a Edith, la única hija del magnate, sin darse cuenta de que se trataba de una inválida que al momento manifiesta invencible desconsuelo. A partir de aquí Hoffmiller irá viéndose atrapado en una sutil tela de araña fabricada a medias por su talante compasivo, el crispado amor de la joven y los ruegos de su padre; la trama avanza con mano maestra hasta el trágico desenlace —ella se suicida al creerse abandonada por él— ocurrido al tiempo que estallaba la Primera Guerra Mundial.

El tema de la compasión

❑ Señala ahora tú las analogías y diferencias que encuentras entre *Marianela* y *La piedad peligrosa*, con especial atención al tema de la compasión.

El tema de la ceguera

El dramaturgo español Antonio Buero Vallejo ha estrenado numerosas obras en las que aparecen personajes ciegos; la más conocida fue *El concierto de San Ovidio* (1962), pieza de ambientación histórica desarrollada en el París del siglo XVIII, donde un grupo de ciegos vive explotado por Valindín, que les obliga a ganarse la vida tocando y haciendo el payaso en una miserable orquestina; uno de ellos se rebela y acaba por matar al cruel empresario; al final resulta condenado, pero uno de los espectadores, consciente de aquella humillación, dedicará su vida a inventar el método que permitirá a los ciegos aprender a leer.

❑ A partir de este resumen —aunque te recomendamos la lectura de la obra de Buero— analiza la consideración del ciego en una y otra obra, así como la importancia que ambas conceden a la educación.

El Lazarillo de Tormes

Pero sin duda el ciego más famoso de la literatura española es el primer amo de Lázaro de Tormes; seguro que has leído la obra (editada en esta misma colección).

❑ Apunta en un cuaderno aquellos rasgos que te resultan parecidos en ambas obras. Puedes empezar por el papel del ciego; luego por la figura de Marianela; la juventud de los Golfines; el desenlace de ambas obras...

Adaptaciones cinematográficas

Marianela ha sido llevada dos veces al cine; la primera vez en 1940 bajo la dirección de Benito Perojo; más fácil será encontrar la producción hispano-francesa dirigida en 1973 por Angelino Fons con Rocío Dúrcal en el papel protagonista.

❑ Trata de conseguir la copia en vídeo de alguna de estas dos cintas inspiradas en la novela; mírala con atención y luego escribe un artículo de crítica cinematográfica a partir de la película.

Actividades de investigación

La minería

Aunque no sea el tema principal, el mundo de la minería ocupa un lugar muy significativo en la novela; en particular en los capítulos 2 y 5.

❑ Busca en los libros de Ciencias Naturales y en alguna enciclopedia explicaciones, imágenes o croquis acerca de cómo eran las minas de hierro a finales del siglo XIX; después compara tus datos con las descripciones de Galdós. Puedes también recurrir a dos conocidas novelas de tema minero: *Germinal*, de Émile Zola (recientemente llevada al cine), y *El metal de los muertos*, de Concha Espina.

Actividades de recreación literaria

En *Marianela* aparecen ciertos personajes caracterizados por un defecto muy evidente; es el caso de la «Señana», una redomada tacaña.

❑ Piensa ahora tú en un vicio que te gustaría criticar; luego describe a un personaje marcado por él.

Descripción de personajes y ambientes

Otras veces —como en el caso de Celipín— el personaje aparece definido por una peculiar forma de hablar, lo cual constituye un recurso luego muy utilizado por el teatro y el cine, además de la novela policíaca.

❑ Redacta un diálogo entre dos individuos que se encuentran en un tren, procurando singularizar al menos a uno de ellos por su forma de expresarse.

La descripción del trabajo en la mina (cap. 5) permite el lucimiento de Galdós, tanto por la fuerza del estilo, como por la capacidad de observación y el profundo conocimiento de dicha tarea que demuestra.

❑ Al igual que el narrador realista, elige un ambiente o una ocupación colectiva, y descríbelos de la manera más viva posible; piensa en la cadena de montaje de una fábrica, la recogida de la aceituna, el tráfico en hora punta o incluso unos grandes almacenes en las rebajas.

Galdós denuncia la dureza de las condiciones de trabajo en las minas, donde las mujeres y los niños eran utilizados como mano de obra barata. Mujer trabajando en una mina, *grabado.*

En el capítulo 10 el doctor Golfín cuenta su vida, con especial atención a la infancia y juventud.

❑ Haz tú lo mismo y resume lo que ha sido tu vida hasta ahora en no más de sesenta líneas.

Uno de los momentos cumbre de *Marianela* es cuando Pablo en el capítulo 20 describe lo que sintió en los primeros momentos tras recuperar la vista.

❑ Intenta ponerte en una situación parecida, pero con un sentido diferente: redacta una composición en la que cuentes tus sensaciones al recobrar la capacidad de oír.

❑ Ahora vas a efectuar labores de profesor o crítico literario: llevarás a cabo un trabajo —escrito o expuesto de forma oral— en el que explicarás a tus compañeros los elementos que más te han gustado y disgustado de la novela; como desenlace resumirás las razones para recomendar su lectura.

Un final distinto

❑ Imagina otro final para el relato: Marianela no muere y acaba por recuperarse ¿Iría a vivir con Florentina y Pablo? ¿ Superará este su rechazo a la fealdad para cumplir sus promesas de amor eterno? ¿Lograrán la educación y los planes del doctor Golfín recuperar a Nela para el progreso? O bien, ella decide seguir los pasos de Celipín para probar junto a él fortuna en Madrid. Desarrolla cualquiera de estas u otras líneas narrativas que se te ocurran en un texto narrativo de dos o tres folios.

❑ Si te gusta o tienes habilidad para el dibujo, haz un retrato de la Nela a partir de la descripción que se lleva a cabo de ella en el capítulo 3.

Galdós defiende en Marianela *que los problemas del hombre, tanto individuales como colectivos, podrían solucionarse a través de la educación.* Mujer recostada leyendo, *(siglo* XIX*).*

Temas para un debate en el aula

❑ Se puede debatir en clase sobre la importancia de la belleza o la fealdad en una relación amorosa.

❑ Otro tema de discusión se centraría en torno a cuál de los sentidos resulta más necesario: la vista, el oído, el olfato, el gusto, el tacto.

❑ La marginación en la que vive Nela sirve para plantear una discusión en torno a los niños abandonados u obligados tempranamente a trabajar, como ocurre hoy en tantos lugares del llamado Tercer Mundo.

GLOSARIO DE FIGURAS LITERARIAS ANOTADAS EN *MARIANELA*

Alegoría: Metáfora continuada en la que unos hechos imaginarios se corresponden con otros hechos reales. Aquí en el capítulo 20 se compara el descubrimiento de América con la recuperación de la vista por parte de Pablo.

Anáfora: reiteración de una o más palabras al comienzo de una frase o verso. Al final del capítulo 4 se repite con respecto a la Nela «nunca se le dio.... nunca se le dio...» (pág. 65, párr. 3º).

Anticlímax: lo contrario del clímax, es decir, la culminación de la tensión descendente; es lo que ocurre aquí a medida que avanza el último capítulo.

Clímax: punto de máxima tensión dramática o retórica en una obra. Aquí se produce en el capítulo 21 cuando Pablo, tras recuperar la vista, reconoce a Nela.

Comparación: Relación establecida entre dos términos por sus semejanzas externas. Al comienzo del capítulo 21 se dice: «Diversas cosas y partes de aquella daban a entender la clase de mujer que allí vivía, así como el nido da a conocer el ave» (pág.198, párr. 1º).

Hipérbole: Exageración en el engrandecimiento o denigración de algo. Véase la afirmación «más feo que Picio» que hace Teodoro de sí mismo en el capítulo 20 (pág. 191).

Ironía: Expresión que da a entender lo contrario de lo que se dice. Es lo que ocurre aquí con el título de los capítulos 6, 7 y 8, decisivos para conocer la relación entre Nela y Pablo.

Métafora: Identificación de un objeto real con otro imaginario o sustitución del objeto real por el imaginario. Hay varios tipos de metáfora (véase cap. 2, pág. 40, nota 2).

Personificación: Atribución de cualidades humanas a animales o seres inanimados. Al describir el trabajo de la mina se incluye esta frase: «...tornillos que, al girar, clamaban con lastimero quejido pidiendo aceite» (cap. 5, pág. 68, párr. 1º).

Perífrasis: Consiste en expresar por un rodeo de palabras algo que puede decirse con menos: «aquella escogida doncella de Nazareth» es perífrasis por la Virgen María (cap. 14, pág. 142, nota 2)

Retrospección: Ruptura del orden cronológico lineal para volver a acontecimientos ocurridos en un tiempo anterior. Un ejemplo muy claro se sitúa al comienzo del capítulo 20 (pág. 189).